직장인의 경제적 자유는
ETF가 답이다

직장인의 경제적 자유는 ETF가 답이다

이종호 지음

한국경제신문*i*

프롤로그

정년 없는 평생 현역으로 살려면
당장 ETF를 시작하라!

갑작스러운 퇴직은 사회적인 죽음과도 같다. 직장인은 수십 년 동안 우물 안의 개구리처럼 회사의 일만 하며 회사형 인간으로 살다가 준비 없이 사회로 나온다. 직장 안에서는 오직 앞만 보고 달릴 수밖에 없는 업무구조로 되어있다. 노후준비나, 다른 일을 생각할 겨를이 없다. 일만 알고 그렇게 살면서 성취감을 느끼며 생활한다. 회사가 모든 것을 해줄 것이라는 막연한 착각 속에서 현실에 안주하다 어느 날 갑자기 퇴직을 맞이한다. 그때서야 비로소 실감하게 되는 것이다. 수천만 원부터 억대의 연봉을 받던 것이 어느 날 끊기고 나면 퇴직금이 얼마이건 삶이 갑자기 초라해진다.

월급을 받는 직장인은 부자의 사고방식 회로가 없어진다. 회사에서 규칙적으로 주어지는 월급에 의존하게 되는 것이다. 대부분 노후준비를 제대로 해두지 않아서 경제적으로 최소한의 생활을 하게 된다.

퇴직 후에 경제적인 어려움을 겪는 것을 주변에서 보면 안타까운 마음이다. '부의 추월차선'에 오를 충분한 기회가 있는데 오를 준비가 안 되어 있기 때문이다. 준비란 돈 공부, 즉 금융 지식을 말한다. 금융

지식의 차이가 극단적인 빈부격차를 만드는 것이다.

또한 주식을 투자가 아닌 투기한 사례를 보고 주식으로 패가망신할 수 있다는 고정관념의 틀에서 벗어나지 못해 투자를 꺼리기도 한다. 이렇게 직장인이 퇴직 후 노후준비가 안 되어 어려움을 겪는 것을 보고 안타까운 마음에 쉽고 편리한 ETF 투자에 관한 책을 쓰게 되었다.

직장인이 경제적 자유를 얻기 위해서 주식 투자를 하더라도 투자에 성공하기란 쉽지 않다. 가장 큰 이유는 직장인이기 때문이다. 주식 투자에 시간을 쏟을 수가 없다. 개별 주식은 매출액, 영업이익, EPS, PBR, ROE 등 재무재표 분석 및 향후 추이를 파악해야 하므로 많은 공부가 필요하다. 시간이 없다 보니 어느 주식이 좋다고 하면 뒤늦게 뛰어들었다가 낭패보기가 쉽다. 특히 주식 시장은 시계열이 짧고 변동성도 때에 따라서 크며, 주가에 영향을 주는 변수가 너무 많다.

현실적으로 직장인의 투자는 한계가 있다. 그러나 직장인이 쉽고 편리하게 부의 추월차선에 오르는 방법을 소개한다. 워런 버핏(Warren Edward Buffett)이 극찬한 인류역사상 최고의 금융상품 ETF(Exchange-Traded Fund, 상장지수 펀드) 투자다. ETF는 인덱스 펀드를 거래소에 상장시켜 투자자들이 주식처럼 편리하게 거래할 수 있도록 만든 상품이다. 투자자들이 개별 주식을 고르는 수고를 하지 않아도 되는 펀드의 장점과 언제든지 시장에서 원하는 가격에 매매할 수 있는 주식 투자의 장점을 모두 가지고 있는 상품으로 인덱스 펀드와 주식을 합쳐놓은 것이다.

직장인들이 경제적 자유를 원한다면, 지수 추종 ETF로 시작하라! 지수 추종 ETF는 주식에 많은 시간을 투자할 수 없는 직장인에게 가장 좋고 안정적인 투자 방법이다. 이는 개별 주식 대신 지수, 즉 시장을 사는 것이다. 개별 주식은 우량주라도 기업의 변동성에 영향을 받겠지만 시장은 항상 우상향한다. 이 점에 주목하라. 이 시장에 퇴직하는 날까지 장기 투자하는 것이다.

버핏은 투자에 익숙하지 않은 아내에게 이런 유언을 남겼다. "기부하고 남은 돈의 90%는 S&P500 지수를 추종하는 인덱스 펀드에 투자하고 나머지 10%는 국채를 매입하라."

우상향하는 미국 시장 지수라는 거인의 어깨에 올라타서 함께가라는 것이다. 이는 투자에 익숙하지 않은 초보자도 잃지 않는 투자를 할 수 있어서다. 재테크에 관심을 가지기 어려운 바쁜 직장인들일수록 여기에 귀를 기울여야 한다.

우상향하는 시장에 장기 투자하는 것이 초보자에게 안전한 투자다. 그렇다면 투자는 언제부터 하는 것이 좋을까? 답은 한 살이라도 어릴 때가 좋다. 열한 살 때 코카콜라의 주식을 사서 주식 투자를 시작한 버핏도 다섯 살 때부터 주식을 샀어야 한다고 후회했다는 일화가 있다.

직장인은 매월 월급날 적립식으로 ETF에 투자하면 된다. 잃지 않는 투자 기간을 전문가들은 5년 이상이라고 말한다. 직장인들이라면 월급날 적립식으로 시장 지수에 장기 투자하라. 그러면 퇴직일에 행복을 거머쥐게 될 것이다. 적립식 장기 투자는 로 리스크, 하이 리턴(Low Risk, High Return)이다.

퇴직후 인생 2막도 ETF로 시작하면 된다. 절대로 늦지 않았다. 금융소득이 노동소득을 앞지르는 시대에 살고 있다. 퇴직 후 10년만 해도 장기 투자다. 매월 적립식 투자를 하고 일부 목돈은 거치식으로 월배당 ETF에 넣어두면 월급으로 받을 수 있고 투자 원금은 인플레이션을 따라 올라간다. 인생 2막에도 월급을 받게 되는 것이다. 인생 2막에도 한 살이라도 어릴 때 시작하라고 강조하고 싶다. 지금 당장 미국 시장 나스닥100과 S&P500 지수 추종 ETF와 월배당 ETF를 시작하라. 그러면 여러분은 부의 추월차선에 오르고 인생 2막도 정년 없이 평생 현역으로 살 수 있다.

변동성이 심한 국내 시장 지수보다 하락할 때도 회복력이 좋은 미국 2개의 시장 지수에 투자하는 것이 좋다. 전체 주식 시장에서 미국 시장은 50%의 비중을 차지하는 반면 한국 시장의 비중은 1%에 불과하다. 이 2개의 ETF를 보유한다는 것은 애플, 테슬라, 구글 등 세계적인 회사의 CEO를 내 직원으로 둔다는 뜻이다. 세계적인 CEO 수백 명을 내 휘하의 직원으로 둔다는 것만으로도 가슴이 뛰지 않는가?

버핏은 "잠자는 동안에도 돈이 들어오는 방법을 찾아내지 못한다면, 당신은 죽을 때까지 일해야만 한다"라는 말을 남겼다. 아무리 소득이 높아도 저절로 돈이 들어오는 시스템을 구축하지 못한다면 평생 일해야 한다. 이 책의 독자 여러분들은 이제 경제적 자유를 얻게 될 부의 열차에 오를 티켓을 받은 것이다. 바로 탑승하기만 하면 된다.

마지막으로 이 책이 나오기까지 도움을 주신 '한국책쓰기1인창업코칭협회'의 김태광 대표코치님, 의식성장대학 권동희 총장님과 '한국주식 투자코칭협회' 주이슬 대표님께 감사드린다. 그리고 작고하신 부모님 이창재, 강거복님 영전에 이 책을 바친다. 또한 아내 김영근과 딸 정화, 아들 봉수 고맙고 사랑한다.

이종호

CONTENTS
ETF

프롤로그   5

1장
퇴직 후 현실과 그래서 알아야 할 것

01 직장을 졸업하다   14
02 퇴직 그다음 날   20
03 현직에서 퇴직 후를 준비하라   26
04 안정적인 직장이 위기를 불러온다   33
05 최고의 재테크는 주식이다   39
06 초보자는 무조건 적립식 ETF가 답이다   45
07 무작정 창업하지 마라   53

2장
나는 ETF로 월급을 받는다

01 배당주 및 월 배당 ETF로 월급을 받자   62
02 ETF로 돈이 몰리고 있다   68
03 ETF와 펀드는 어떻게 다를까?   74
04 테마 ETF에도 관심을 갖자   80
05 ETF 투자로 부의 추월차선에 오르자   86
06 왜 배당 투자를 해야 할까?   92
07 배당에 관한 용어 쉽게 알아보기   98
08 미국 우량 배당 ETF 알아보기   103

3장

투자에도 전략이 있다

01 투자에도 전략이 있다   110

02 수수료와 세금을 알아야 한다   116

03 일정 부분 현금을 보유하라   121

04 분할매수, 분할매도 원칙을 지켜라   126

05 주식 투자에 도움이 되는 정보 활용   132

06 경제지표를 활용해 투자하라   137

07 매일 리포트를 챙겨보라   142

08 달러 환율의 움직임을 주시하라   147

4장

ETF를 200% 활용하는 7가지 방법

01 NAV와 가격 차이를 활용한 매매기법   156

02 알면 돈이 되는 ETF 용어   161

03 절세계좌에서 ETF 투자하기   166

04 지수 추종 레버리지 활용하기   171

05 해외 부동산 리츠 ETF를 활용하라   177

06 투자에서 가장 어리석고 위험한 생각   183

07 ETF로 하는 자산 배분   189

5장

소액으로 많이 벌고 싶으면 ETF가 답이다

01 소액으로 많이 벌고 싶으면 ETF가 답이다   196

02 용돈으로 적립식 투자를 하라   202

03 목돈이 모이면 거치식 투자를 하라   206

04 인생 2막도 ETF로 시작하라   212

05 최고의 재테크 ETF, 공부하고 시작하라   217

06 미국 시장에 답이 있다   223

07 시장에서 성패는 결국 심리문제다   229

ETF

1장

퇴직 후 현실과
그래서 알아야 할 것

ETF 01
직장을 졸업하다

정년퇴임 공문이 전자결재로 기어코 내 앞으로 날아왔다. 퇴임 일자는 알고 있었지만, 막상 공문이 오니 만감이 교차했다. 종이 한 장에 사람이 이리 가고 저리 가고 한다. 종이 한 장만도 못한 것이 인간이 아닌가 하는 생각도 든다. 청춘 시절 부푼 꿈을 품고 입사한 지 엊그제 같은데 말이다. 책상 앞 거울에 비친, 흰머리가 난 희끄무레한 나의 모습에서는 모진 세월의 흐름과 연륜이 느껴졌다.

갑자기 지나온 일들이 주마등처럼 지나간다. 30여 년 전 이 직장에 입사하기 위해 성동공고에서 입사시험을 치르던 때가 떠오른다. 시험장에 들어가니 2~3년 선배들의 모습도 보였다. 반갑게 인사를 나누었으나 후일의 내 모습도 저렇지 않을까 싶어 마음이 불편했다. 경쟁률이 76대 1이니 자신할 수 없는 시험이었다.

시험을 치르고는 이번에 같이 입사시험에 응시한 학교 동료와 대학로 마로니에공원으로 갔다. 둘의 호주머니 돈을 탈탈 털어서 소주 몇 병에 새우깡을 샀다. 그러고는 벤치에 앉아 취업난을 걱정하며 사회를 원망하기도 했다. 그렇게 날이 어둑해질 때까지 술을 마셔댔다.

합격자 발표일이 가까울수록 조바심만 생겼다. 답답한 마음에 합격자 발표날을 못 기다리고 하루 전날 본사 인력관리처에 전화했다. "응시한 사람인데 합격 안 되었지요?"라고 물어봤다. 그러자 "수험번호가 어떻게 되나요?"라고 의외로 친절한 답변이 돌아왔다. 수험번호를 말했더니, 수화기 너머에서 "합격했습니다"라는 답변이 돌아왔다. "진짜예요? 정말인가요?"라고 내처 묻자 수화기에서 "네" 하는 목소리가 들렸다.

꿈인지 생시인지 헷갈리는 기분이었다. 담당자가 잘못 대답할 수도 있으니 아내에게 다시 한번 전화해보라고 했다. 역시 합격이란다. 감격의 환호성이 절로 나왔다. 그 당시 딸도 있었던 터라 이제는 가장의 역할을 할 수 있겠구나 하는 감격에 울컥했다.

그 후 공채 2차도 합격하고 수시도 다섯 곳이나 넘게 합격했다. 〈서울신문〉의 합격자 공고에 이름이 오르기도 했다. 어디를 선택할 것인가, 그것이 행복한 고민이었다. 결국은 공채 1차인 지금의 직장을 선택했다. 그러고는 신입직원 연수교육을 수료하고 직장생활을 시작했다.

하루하루 지날수록 직장이 내 삶이고 전부가 되었다. 안정된 직장이니 이것저것 생각할 것도 없이 청춘을 모두 다 바쳤다. 1990년에 '아시아배구선수권대회'가 잠실체육관에서 있었다. 국가적인 행사 준비를 위해 테스크포스팀에서 일할 때다. 여름철 무더위 속에서 일요일도 없이 대회를 준비하느라 체력 소모가 많았다. 휴일에는 냉방도 안 되고 통문이니 바람도 안 통한다. 푹푹 찌는 날씨에 견딜 수가 없자 팀원들 모두 바가지에 물을 담아 발을 담그고 윗옷도 벗고 근무했다. 물론 여직원은 없어서 가능했지만. 지금 생각하면 그때나 가능했던 에피소드다.

추석 전에 각국 선수단이 입국을 시작했다. 인터콘티넨털, 앰배서더 호텔 등에서 선수 ID 발급을 담당하게 되었다. 그날이 공교롭게도 아들 출산일이었다. 대신해줄 수 있는 인력 자체가 없어서 산고 때 같이 있어 주지 못해 아내한테 면목이 없다. 그래도 남편에게 한마디 투정도 없었던 아내가 고맙기만 하다. 잠실체육관에서 선수들 경기 세트 후 휴식 때는 우리가 배구 연습을 했던 그런 이해 안 되던 시절이었다. TV로 중계하던 경기였는데 말이다.

정신적, 육체적으로 힘들었지만, 대회 종료 후 선수단 만찬에서 각국의 선수와 즐거운 시간을 갖기도 했다. 〈일간스포츠〉 기자가 나와 장윤창 선수가 닮았다고 소개해, 같은 테이블에서 만찬을 함께 했다. 서로 내가 잘생겼니, 네가 잘생겼니 하던 모습이 눈가에 선하다.

1995년에는 1년 넘게 소요되는 초대형 프로젝트에 참여하게 되었다. 긴 여정 속에 청와대 보고 날짜를 맞춘 후 막바지 보고서가 나와야만 했다. 그 최종 결과물을 위해 3일 밤을 한잠도 못 자고 일했다. 그래 보기는 처음이었다. 새벽 3시 반이면 환경미화원이 청소를 시작한다는 것을 그때 알았다. 다른 동료들의 일은 끝난 상태였고, 3일 밤낮의 작업은 내 손에 달려 있었다.

하나의 휴먼에러가 있으면 처음부터 다시 해야 한다. 그러면 죽음이다. 절체절명의 위기다. 그러한 위기감과 긴장감에 3일 밤을 안 자고 새울 수 있었던 것 같다. 초인적인 힘을 발휘한 것이다. 다른 동료 직원들도 퇴근하지 못하는 것은 마찬가지였다. 그러나 그들은 새벽이면 책상 위에 누워서 눈이라도 붙일 수 있었다. 그런 상황 속에서 나는 눈을 부릅뜨고 작업해야 하니 심적 고통이 이만저만이 아니었다. 몽롱해져도 안 되었다. 한 번의 실수는 치명적인 결과로 이어질 것이었다. 3일 밤의 작업 후 그날, 오후 2시가 지나서 어머어마한 분량의 최종자료 및 보고서가 나왔다. 모두가 승리의 환호성을 올렸다.

그다음 날 이에 관한 내용이 신문에 크게 실렸다. 자축의 늦은 점심식사 후 특별휴가를 7일 받았다. 모두의 마음을 아는지 그날은 가랑비가 내리고 있었다. 비 내리는 오후, 자가용을 몰고 동부간선도로를 달려 며칠 만에 집으로 갔다. 샤워 후 잠을 청했지만 긴장이 안 풀려서 뜬눈으로 새벽을 맞이했다.

그 후에도 경기북부 지역의 전산설비 거점화, 신축 본부건물 종합봉사실 선진화 등 다수의 프로젝트를 추진했다. 대부분 그러하듯이 나 또한 회사를 위한 회사형 인간으로만 살아왔다. 조직에 충성하고 조직밖에 몰랐다. 대부분 조직 내 사람들하고만 교류했다. 아는 사회인은 수영장 사람들이었다. 우리는 단체로 사회활동을 하며 사회와의 교류가 필요함을 못 느끼고 있었다.

그러던 어느 날 갑자기 내게 전화가 왔다. "퇴직공문 뜬 거 보셨죠? 퇴임식 날 퇴직자 대표로 퇴임사를 해주시겠어요?" 인생에 한 번 있는 날인데 해보는 것도 의미가 있겠다고 생각했다. 퇴임사를 준비하고, 가족과 사진관에 가서 기념사진을 찍은 후 근사하게 외식도 했다. 집에서도 영예롭게 정년퇴직하니 그동안 가족을 위해 수고 많았다고 칭찬해주었다.

마음이 허전했지만, 이때까지도 나는 세상을 몰랐다. 인생의 벅찬 숙제를 다 했다는 기쁨만 있었다. 이 세상을 다 가진 것 같았고 세상에 무서울 것이 없었다. 더욱이 그동안 무탈하게 징계 한 번 당하지 않고 공직생활을 마무리하고 정년퇴직했으니 말이다.

퇴직 전 직장인들은 대부분 집과 회사가 전부일 수밖에 없다. 압축성장기를 살아온 우리 베이비부머들에게는 더욱 그러했다. 우리 세대의 직장인은 대부분 회사라는 울타리 안에서 세상을 모르고 살아왔다. 그러다 세상에 나와 보니 먹고사는 방법이 각양각색이었다. 나는 길거리를 다니면서 저 많은 사람은 무엇을 먹고살까 궁금했었다. 궁금해서 일일이 물어보고 싶었다.

드디어 기대 반, 아쉬움 반이지만 오늘은 정년퇴임식 날이다. 강당에는 퇴직자별 추억의 사진들이 전시되어 있었다. 아내와 자녀 둘과 가족 동반으로 강당에 입장했다. 여직원들이 코사지를 양복에 달아주니 정년퇴임식이 맞기는 맞는 것 같았다. 강당 안에는 정년퇴직자들을 축하해주기 위해 필수요원을 제외한 전 직원들이 기다리고 있었다. 나는 같이 근무한 후배들과 요즘 근황이 어떤지 잠시 담소를 나누었다. 모두의 관심은 퇴직 후 계획이었다.

강당에 걸려 있는, '선배님의 정년을 축하드립니다'라는 플래카드를 보니 기쁜 마음에 다시 숙연해진다. 애국가가 울려 퍼지고 사회자가 "이종호 선배님의 퇴임사가 있겠습니다"라고 안내했다. 나는 연단으로 올라가 퇴임사를 읽어 내려갔다. 지나온 30여 년의 삶을 이야기하며 그동안 울타리가 되어준 조직과 후배들의 곁을 떠나려 하니 목이 메어 말을 잇지 못했다. 후배들의 격려 박수를 받으며 퇴임사를 마칠 수 있었다.

퇴임식 후 준비된 가족 동반 만찬을 행복한 마음으로 즐겼다. 퇴직 후 무엇을 할 거냐는 질문에 거의 계획이 없다는 답변이었다. "이제 쉬어야죠. 쉬면서 생각해봐야죠"라는 대답이 대부분이었다. 앞만 보고 무작정 달려왔으니 심신을 가다듬을 필요도 있겠다는 생각이 들었다.

퇴임식 종료 후 나는 마지막으로 2박 3일간 자율 입소하는 속초생활관으로 향했다. 동해로 가는 양양고속도로의 탄탄대로는 나의 길, 나의 세상과 같았다. 거기에서 설악산 토왕성 폭포를 오르고 동해를 바라보았다. 그러곤 비싼 회와 킹크랩을 먹으며 인생의 보상을 받았다.

31일 마지막 퇴소 날, 생활관 프론트에 음료수 한 박스를 들고 가 "그동안 감사드립니다. 오늘이 정식 퇴직 날입니다"라고 인사했다. 그러고는 당당한 가장의 모습으로 집에 돌아왔다. 그때까지만 해도 세상일을 다 해냈다는 생각이었다. 나를 비롯한 퇴직 동료들 모두에게 세상에서 가장 행복한 날이었다. 세상은 나를 위해 존재하는 것 같았다.

ETF 02
퇴직 그다음 날

퇴직 그다음 날 변함 없이 아침 5시에 일어났다. 수십 년의 직장생활의 습관처럼 일어났다. 예전과 마찬가지로 스트레칭을 한다. 헬스장을 가기 위해서다. 그러면서 공허감이 몰려온다. "오늘부터 실업자네?" 눈 뜨자마자 직장이 없어진 게 걱정이 된다. 식사하고 출근할 곳이 없으니 어디로 가야 하나. 하루 이틀도 아니고 마음이 점점 위축된다.

평소대로 헬스장으로 향한다. 퇴직 날은 성취감에 명예스러웠는데 하룻밤 잠을 자고 새벽에 일어나니 모든 게 180도 바뀌었다. 신분도 명함도 이제는 없다. 왜 이럴 것이라고 생각하지 못했을까? 실제 겪어 보지 않고서는 한걸음 앞을 실감하지 못하는 것이 인간인 것 같다. 출근할 곳이 없으니 심리상태가 불안정해진다.

나는 퇴직했던 분들을 떠올려 본다. 지자체 단체장을 하시면서 지역에서는 잘 나가셨던 분이 아파트 모서리에서 숨어서 나를 빼꼼히 보고는 나무 옆으로 숨는다. 또 다른 분도 정년 퇴직 후 동네에서 다니던 길로 안 다니고 멀리 돌아서 다녀서 "별별 사람 다 보겠네"라고 생각했다. 정년퇴직 자체만으로 영예로운데 공적인 지위까지 가지셨던 분이니 어깨를 당당히 펴고 다니시라고 만나면 이야기해주고 싶었다. 퇴직 전에는 이러한 사고방식을 갖고 있었는데 퇴직 후 그다음 날부터 완전히 바뀐 것이다.

헬스장에서도 퇴직 언제냐고 물어볼까 봐 눈인사만 한다. 현직 때는 운동 후에 출근하느라 서둘렀는데 여유롭게 운동을 했다. 그렇다고 오래 할 수가 없다. 퇴직한 걸 알고 물어볼까 두려워서다. 오늘은 평소보다 10분이 더 걸렸다. 아니나 다를까 어느 회원이 샤워실에서 물어본다. "늦게 가시는 거 보니까 퇴직하셨나 봐요?"라고 한다. 엉뚱하게 월차라고 둘러댄다. 집으로 오는 길에 마음이 착잡하다.

집에 도착하니 아내가 전날처럼 아침 식사하라고 한다. 갑자기 밥값도 못하면서 밥 얻어먹는 기분이다. 집에서는 평소처럼 잘 대해주지만 내 마음이 그런 것이다.

평일이라 은행을 가려고 나가려니 주변에서 퇴직했다고 볼까 봐 나가기가 꺼려진다. 퇴직 하기 전에 불필요한 통장은 없애는 것이 좋다 해서 통장을 대부분 해지했는데 그것이 아니었다. 은행에 가서 통장을 개설하려 하니 "급여통장 있으세요? 없으면 안 되요!" 하고 큰 목소리로 당당하게 거절한다. 직장이 없는 설움을 느끼고 돌아서야만 했다. 대포통장 때문이란다. 대포통장 때문이기도 하겠지만 은행에서는 관리비 등을 연결해놓아야만 한도 제한을 풀어준다. 단지 금융을 이용하려는데 제한이 많다. 사람을 대하는 태도도 다른 것을 느낄 수 있다. 무시 받는 것 같다. 무직자라 그런가 하는 내 생각이 지나치다고 할 수도 있겠지만 그렇게 체감하게 되는 것이다.

퇴직하니 이만저만 불편하고 불쾌한 것이 아니다. 그래도 나이도 들고 정년퇴직했는데 화내는 일은 하지 말자 다짐해본다.

그다음 날은 이것저것 싫어 집에서 칩거한다. 아침, 점심, 저녁 식사를 집에서 하니 눈치가 보인다. 누구는 남편이 집에서 삼식을 한다고 꼴 보기 싫다고 일부러 외출을 한다. 돈을 못 벌어오는데 밥 먹는 모습까지도 꼴보기 싫다고 한다. 누구는 남편이 밖에도 안 나가고 삼식이 생활은 물론 이것저것 지적질까지 한다고 이혼까지 생각한다. 집에서 나가지를 않는다고 불만이다. 부부간 함께 하루종일 있어 보질 않았으니 불편한 것이다. 그리고 남자는 직장생활에서의 때가 안 빠져서 더욱 그렇다.

남자는 퇴직 후에는 인간관계가 끊어진다. 직장에서의 관계가 대부분 그렇다. 그러니 퇴직하면 인맥도 끊어지고 사회적으로 고립이 되는 것이다. 암담한 사실이다. 반대로 여자는 사회적 관계가 끊어지는 것이 없다. 나이 들수록 모임에도 더 나가고 오히려 사회생활이 더 바쁘다.

나는 오늘도 나갈 곳을 꿈꾸며 산다! 구두도 반짝반짝 광을 내고 오늘은 어떤 색깔의 양복을 입을까? 어떤 넥타이가 어울릴까? 그러나 실제로 마땅히 가야할 곳은 어디에도 없다. 갈 곳은 잃으니 내 마음도 갈 곳을 잃었다. 마음의 방황이 시작된다. 정년퇴직의 영예로움은 어디에도 없다. 현직에서의 옛 추억을 기억하고자 현직 때 사진 몇 장과 나의 신문기사를 스크랩해서 코팅한 기사를 서류가방에 넣었다. 한가하고 허름한 파전집을 찾아 몇 번씩 길을 왔다 갔다 한다. 아는 사람이 있을까? 그리고 손님이 없는 곳을 찾은 것이다. 낮부터 괜한 사람으로 보이는 게 싫어서다.

마땅한 식당을 골라 머쓱하게 들어선다. "혼자 왔어요?"라고 묻는데 보면 모르냐 하고 싶지만 "네. 오늘 시간이 좀 있어서요"라고 얼렁뚱땅 이야기하고는 "해물파전하고 막걸리주전자 하나 주세요"라고 한다. 직장에 있었으면 낮술은 언감생심인데 오늘은 백수의 자유를 느껴본다.

백수의 행복도 있구나. 막걸리 한잔, 두 잔에 기분이 좋아진다. 그러면서 지나온 세월이 떠오른다. 청운의 꿈을 꾸고 당당히 입사한 기쁨부터 미사리 3km 수영 완영, 광복절 기념 한강도강 대회에서 완영한 것과 여기에 이르기까지 함께한 수영동료, 스킨 스쿠버한다고 잠실의 풀에서의 연습과 삼척 바다에 가서 다이빙 과정 이수 후 자격증을 얻었던 시절, 아름다운 지중해에서 접영을 하고 박수를 받았던 일, 역사책에서만 보던 로마와 그리스의 유적지 관광 그리고 이집트 관광까지 떠오른다. 최고의 문명을 자랑하던 이집트이었으나 여행 중에 공항 화장실에서부터 관광지까지 1달러를 달라, 호주머니의 볼펜을 달라, 쓰고 있는 모자도 달라고 해서 나는 달라 국가라고 불렀다.

고등학교 때 한 달간 무전여행으로 남해안과 제주도를 여행한 일도 떠오른다. 배가 고파 연한 풀잎을 씹어 즙을 먹고, KAL호텔 건너편 가정집에서 어렵게 밥을 얻어먹었지. 할머니가 들어오라 하셔서 할

머니 가족들과 소쿠리에 담은 보리밥을 먹는데 너무 배가 곯다가 먹으니 몇 숟갈도 못 들었지. 고마우신 할머님이 생각난다.

이제는 직장에서의 희로애락이 떠오른다. 회사에서의 사진과 신문 스크랩을 보며 회상에 젖는다. 최고의 직장에서 조직에 충성하며 조직의 보호를 받으며 살아왔다. 그 세월에 아련히 눈물이 흐른다. 남이 볼까 봐 애써 멈추어도 본다.

그다음 날이다. 이번에는 사람들과도 어울려볼까 하는 생각이 들었다. 돈을 빼려고 통장에 얼마나 있나 조회해보니 마이너스였다. 갑자기 초조해진다. 월급의 울타리가 없어진 것이다. 가장 확실하게 하나 있던 부의 파이프라인이 어느 날 갑자기 없어진 것이다. 그나마 마이너스 통장 만들었던 것이 다행이라는 생각이 든다. 갑자기 나를 뒤돌아본다. 지금까지 뭘 하고 살았나? 직장인들이 대부분 노후준비가 부족하다. 일만 할 줄 알아서다. 회사에서 급여 및 복지 등 많은 것을 알아서 해주니 우물 안 개구리로 산 것이다. 직장 일만 알고 그렇게 살았고 거기에 성취감을 느끼며 생활했다.

그래서 지인과 만나서 술 한잔하려는 것을 포기했다. 신용카드를 들고 나가려는 것도 안 되겠다. 아내의 눈치도 봐야 한다. 퇴직 후 제일 무서운 사람이 아내라는 말이 있다. 은퇴한 분들이 현금인출기에서 1만 원씩 인출해가는 것을 종종 보고는 궁상맞다고 생각했었다. 그러나 그 분들은 그래도 자기 통장이라도 챙겨놓은 훌륭한 분들이었던 것이다.

만나는 것을 포기하니 하염없는 슬픔과 번민이 다가온다. 그래서 이후에는 연락이 오는 사람만 만나는 것이다. 왜냐면 보통 먼저 연락한 사람이 밥값을 내기 때문이다. 그 대신 맞장구를 쳐준다. 술 한잔으로 추억을 나누며 회포를 풀고 다음에 또 보자고 말하고 헤어졌다. 몇 주 후 또 연락이 왔다. 그런데 두 번이나 얻어먹을 수 없다. 그동안의 나의 이미지도 있는데 말이다. 이러다 보니 지인들을 한 번씩은 만나는데 그 이상은 못 만나게 된다. 그리고 이제는 서로 먼저 연락하기를 기다린다. 이렇게 집에서도 사회에서도 고립되어 방구석 외톨이가 되어간다. 진정 이것이 내가 그리고 우리가 꿈꾸던 영예로운 정년퇴직이었던가?

ETF 03
현직에서
퇴직 후를 준비하라

직장인 A씨는 어제 회식 때 폭탄주로 거나하게 스트레스도 풀고 음주가무를 즐겼다. 건배사도 돌아가면서 하며 분위기도 좋았다. 아침에 출근해서는 머리가 띵하고 몸이 예전 같지는 않다. 월요일부터 금요일까지 퇴근 후면 매일 술자리를 새벽까지 해도 아침에 꼭 출근해서 일상적으로 일을 했던 그였다. 내년이면 어쩌다 살다 보니 쉰이니 나이 탓을 한다. 요즘은 담배를 피우기도 쉽지가 않다. A씨는 흡연구역이 있는 옥상으로 가서 시내를 한 바퀴 돌아보며 담배를 피운다. 삼삼오오 모여서 공공기관 혁신 이야기로 어수선하다. 평소에는 업무 이야기가 주요 이슈이었는데 오늘은 노후준비 많이 얼마나 했는가가 주요 이슈다. 이야기에 귀를 기울인다. 기성직원보다는 오히려 신입직원들이 재테크에 관심이 많았다. 정년퇴직이 불투명해서 미래에 대한 불확실성을 느끼니 퇴직 후 준비에 관심이 많은 것 같다. 기성직원은 직장 말고는 생각해본 적이 없어서 재테크에는 엄두도 못내는 사람이 대부분이다. 신입직원들도 마음으로만 생각하고 있지 조직에 적응하느라 실제 준비는 제대로 못하고 있다.

재테크는 하루라도 빠르면 빠를수록 좋다. 11살에 코카콜라 주식을 산 워런 버핏이 5살 때부터 주식을 못한 것을 후회했다는 것을 생각해볼 필요가 있다. 요즘은 자녀에게 지수 추종 ETF를 자녀명의 계좌로 적립식으로 해주는 부모도 있다.

재테크에 나서기 전에 먼저 자신의 자산상태를 파악하는 것이 좋다. 자신의 급여 등 전체수입에서 지출이 어느 정도 되는지 파악해야 한다. 본인의 급여에서 어느 정도의 지출이 있고 어느 정도 투자가 가능한지를 아는 것이 투자의 첫 번째다. 그리고 신용카드보다는 체크카드를 사용하는 것이 무분별한 과소비를 막아준다. 또한 사회초년생은 학자금 대출부터 상환하는 것을 추천한다. 투자 경험이 적으므로 대출금리 이상의 수익 투자를 얻기는 부족할 수 있다.

개인연금이 1990년 초에 처음 나왔을 때 가입을 했었다. 보험회사 사원의 친절한 권유로 많은 직원들이 가입했다. 가입 후에는 계속 고민을 했다. 수십 년 후에 물가상승과 전쟁 발발 우려를 하며 가입한 지 8개월이 지나서 손해보고 해지한 경험이 있다. 나뿐만 아니고 거의 전원이 해지했다. 지금 와서는 땅을 치고 후회할 일이다. 그 당시는 상품들이 복리로 운영되었다. 그리고 30년이 지나 지금 받았으면 얼마나 되었을지 생각해본다. 원금을 손해보고 해약금으로 받은 돈은 흔적도 없이 사라진 지 오래되었다. 투자 기간이 길면 길수록 복리에 의해 받는 금액은 많다. 당시에 그 돈으로 삼성전자 주식에 투자를 적립식으로 했다면 퇴직 후에 노후에 걱정이 없었을 것이다.

　주식의 대표주자 삼성전자와 부동산의 대표주자 은마아이파크의 40년 수익을 비교해보자. 40여 년 동안 삼성전자는 804배가 올랐고 은마아이파크는 96배가 올랐다.

　재테크는 하루라도 빠르면 좋다. 그래서 사회 초년생일 때부터 하면 유리하다. 빠르면 좋다는 것이고 기성직원도 절대 늦지 않았다. 후회할 필요는 없다. 늦었다고 생각한 때가 빠른 때라고 하는 격언이 있다. 사실은 늦었지만 지금 시작하지 않으면 더 늦어지니, 지금 시작하는 게 더 나중에 시작하는 것보다 빠른 것이다.

삼성전자은마아파트 장기보유 수익률 비교

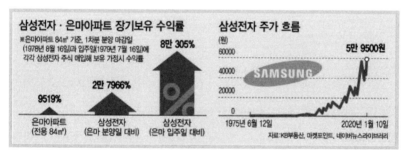

출처 : 네이버 뉴스

　요즘 우리 주변에 평생직장 개념은 거의 사라지고 있다. 60세 정년 퇴직이 아니라 30대 후반 명예퇴직이 사회문제가 된 지 오래다. 구조조정에 의해 언제 해고당할 모르는 게 현재 분위기다. 더욱이 향후 미래에는 많은 직업군이 인공지능에 의해 대체될 것이다. 머지않아 상상도 못할 어마어마한 시대가 올 것이다.

2010년 인사이동에서 리플레이스먼트 교육자 명단이 내려왔다. 인재개발원에서 집합교육하며 전공이 아닌 시험을 치르고 3번 낙제하면 삼진아웃으로 퇴직시켰다. 해고의 명분을 만들기 위한 무시무시한 일이었다. 거기에 속한 사람들은 서로를 감시하게 하고 인격이 모독되는 일이었다. 인사부서에서는 대상자를 1순위부터 5순위까지 분류해서 살생부로 갖고 있다는 소문이 자자했다. 서로 다음은 내가 아닐까 뒤숭숭하고 일이 손에 안 잡혔다. 동료는 잠재적인 나의 적이었다.

당시 2박 3일의 방화관리자 교육이 있어 인재개발원에 입교했다. 식당 앞에서 우연히 같이 근무했던 동료를 만났다. 동료는 리플레이스먼트 교육생이었다. 나를 보고 울음을 터트리는 동료에게 만감이 교차했다. 무엇이라고 위로의 말을 하는 것도 사치였다. 나는 숙소에 와서 내리는 비와 더불어 고민을 했다. 앞으로 직장을 떠나면 어떻게 살아야 할까? 뭘 먹고 살아야 할까? 교육 후 회사에 와서도 그 동료의 눈물은 나의 심정을 괴롭게 했다. 결국 그분은 1년을 못 버티고 삼진아웃으로 퇴직했다. 어마어마한 충격에 돌아가셨다는 말도 있었고 남은 자의 뇌리에서도 그렇게 사라졌다. 회사에서도 혁신사항으로 지시를 받아 시행하는 것이라 이해가 간다. 그 속에서 떠난 자와 남은 자만이 있는 것이다.

그리고 명예퇴직 할당 인원이 내려왔다. IMF 이후 또 할당이다. 공공부문 혁신이란다. 이렇게 또 동료들이 한꺼번에 떠나갔다. 그때 유명했던 말이 "한식에 죽으나 청명에 죽으나 매한가지다"였다. 언제 어떻게 될지 모르던 시절이었다. 그때 나가서 오히려 잘 되신 분도 꽤 있다. 지금 생각해보니 정년퇴직이 동료들의 희생 위에 이뤄낸 핏빛 영예라는 생각이 든다. 평생직장, 신의 직장인 공기업에서 일어난 일이니 일반회사의 경우는 더할 것이다. 평생직장은 이미 사라진 것이다.

회사가 나를 미래를 보장해주지 않는다는 것을 경험하게 된 것이다. 결국은 퇴직 전에 퇴직 후를 준비해야 한다. 즉, 시장 지수 ETF로 퇴직이 없이 평생 현역으로 살아가야 한다. 또한 현직에 있을 때 평생 직업을 위한 자격증 준비를 해야 한다. 직장인은 돈을 버는 방법을 잘 모른다. 알고 싶다면 브레든 버처드(Bredon Burchard)의 《백만장자 메신저》를 읽어라. 메신저 사업을 이해하고 당신의 경험이 돈이 되는 순간을 맞이할 수 있다. 성공해서 책을 쓰는 것이 아니라 책을 써야 성공하는 것이다. 1,355권을 기획·집필하고 11년간 1,100명의 작가를 배출한 '한국책쓰기1인창업코칭협회(이하 한책협)'의 직장인을 위한 온라인 교육을 추천한다. 백만장자 메시지를 실천하는 협회로 당신의 경험을 작가와 강사로 만들어줄 것이다.

나는 주식 투자를 하면서 《백만장자 메신저》를 읽고 한책협에 가입해서 글쓰기 과정 교육을 받았다. 〈5주 책쓰기 과정 비법노트〉 교재로 강의를 받으며 한책협의 단계별 강의가 체계적이고 과학적인 것을 알 수 있었다. 한 꼭지마다 완성 후에 김태광 대표코치에게 메일로 보내면 빨간 볼펜으로 일일이 체크해주신다. 책 제목, 장 제목, 목차부터 만들어주시다시피 했다. 그리고 책 쓰기를 잘하려면 카페에 후기와 댓글 하는 것도 글쓰기 연습임을 배웠다. 지식만으로는 책 쓰기가 되지 않고 사례가 없으면 재미가 없다. 한책협과 김태광 대표코치께 감사드린다.

ETF 투자도 초보자에게는 전문가의 도움이 필요하다. 《나는 잠자는 동안에도 해외주식으로 돈 번다》, 《결국 ETF가 답이다》의 저자 주이슬 작가가 운영하는 한국주식투자코칭협회에서 기본 지식을 알고 투자하면 좀 더 도움이 될 것이다.

A씨는 새벽에 잠을 자주 깨어 수면 상태가 안 좋다. 수면 부족으로 짜증이 나면 직원들을 코너로 몰아세우다 보니 그 스트레스로 퇴직한 사람도 있다. 퇴직 후에 퇴직한 후배들을 만날 기회가 생기는데 만날 때마다 불편하고 후회된다. 손가락질을 받을 수도 있다. 인생은 새옹지마다. 평소 질책을 많이 했다고 하더라도 퇴직 5년 전부터는 인간관계 관리를 해야 한다. 특히 문제직원 관리를 잘해야 한다. 거꾸로 치명적으로 당하는 경우를 많이 볼 수 있다. 일을 제대로 못하는 말썽쟁이 직원에게 잘해야 한다는 것이 아니다. 감정으로 대하지 말고 이성적으로 대해야 한다는 것이다. 사람은 인격을 건드리면 앙심을 품게 되어있다. 무자비한 강력사건이 나는 것도 이 때문이다.

새가 살아있을 때는 개미를 먹는다. 그런데 새가 죽으면 개미가 새를 먹는다. 시간과 환경은 언제든지 변할 수 있다. 당신 인생에서 만

나는 누구든 무시하거나 상처를 주지 마라.

그러나 기억하라. 시간이 당신보다 더 힘이 있다는 것을. 하나의 나무가 1백만 개의 성냥개비를 만든다. 그러나 1백만 그루의 나무를 태우는 데는 성냥 한 개비로도 족하다. 그러니 좋은 사람이 되고 좋게 행동하라!

퇴직 때 모든 인간관계가 거의 끊어진다. 여기서 오는 단절감·박탈감은 거의 모든 사람에게 공통적으로 찾아온다. 지금의 50대는 오직 일만 하면서 직장이 전부인 삶을 살았다. 그래서 직장을 그만두면 사막에 벌거벗겨진 채 혼자 버려졌다고 느끼게 된다. 굼벵이도 구르는 재주가 있다고 했다. 쓸모없는 사람은 없다. 현직에 있을 때 소중한 인간관계를 잘해야 한다. 이것은 당신을 위해서다.

ETF 04
안정적인 직장이
위기를 불러온다

뜨거운 물 속의 개구리(Boiling Frog)의 위기인가? 취업난이 극심해 사회적인 문제가 되었던 때에 A씨는 신의 직장에 입사했다. 온 가족과 모교의 축복을 받으며 직장생활은 시작했다. 취업난이 심했던 시절이라 대학은 기업에 취업한 학생의 수가 학교를 평가받던 때라 본관 입구에 '축 합격' 플래카드까지 설치하기도 하였다. 본관 입구에는 '○○ 고시 합격', '○○대기업 합격' 등의 플래카드로 졸업생의 취업을 알린다. 재학생이나 신입생들도 취업난이 심하지만 열심히만 하면 나도 취업해서 당당하게 꿈을 이룰 수 있다고 생각하고 도서실로 발길을 향한다. 중소기업 입사나 창업 등은 거의 관심이 없었다. 플래카드에 이름을 올리는 사람만이 사회적으로 성공한 것으로 인정받았다.

그의 월급은 중산층 생활하기에 충분했고 남 부러울 것이 없었다. 각종 수당과 복지혜택 그리고 지방 근무 시는 집을 전세로 제공받았다. 회사에서 이렇게까지 국내에서 최고의 대우를 해주니 회사를 믿고 충성을 하고 모든 인생을 맡기고 조직을 위해 일만 한다.

몇십 년을 나름 만족한 삶과 지위를 얻었고 남들도 부러워했다. 그러던 어느 날 50대를 맞이하니 문득 퇴직을 생각해보게 되었다. 자녀 교육 사교육비 등으로 지출하고 모아 놓은 돈은 없었던 것이다. 직장 생활하면서 월급은 평생 나오는 것으로 착각했다. 지나고 보니 다른 사람들은 그래도 제대로 된 집을 장만하고 있었다. 그런데 정작 본인 은 회사에서 제공하는 숙소에서 살다 보니 집 장만의 필요성을 모르 고 살았다. 남들이 집 마련했을 목돈은 그 어디에도 없다. 어디에 썼 는지 모르겠다. 그리고 주식을 해본다고 단타나 스윙 위주로 투자하 며, 요즘 주식이 뜬다고 하니까 비쌀 때 사고 주식이 떨어진다는 뉴스 에 무서워서 쌀 때 팔다 보니 주식으로 모은 돈도 없다. 아니 오히려 적지 않은 손해를 입었다.

직장인은 급여와 복지라는 쾌적한 우물 속에서 헤엄치는 개구리와 도 유사하다. 그러나 세상의 변화에 따라 물이 점점 뜨거워지고 있는 데도 개구리는 밖으로 뛰어오르지 않는다. 계속 있으면 삶아지고 있 는 것조차 모르게 되는 것이 문제다.

이것은 공직이나 대기업이라는 것이 나쁘다는 것이 아니다. 누구나 선호하고 좋은 것이다. 하지만 그 안에서는 자기도 모르게 안주하게 될 가능성이 많다. 그렇다면 더 발전적인 미래는 없기 때문이다. 회사 의 네임 밸류(Name Value)에 자기가 마치 거대한 공룡이 된 듯한 착각 에 빠져 안이한 태도와 습관을 들이면 자신의 경쟁력을 잃고 마는 것 이다. 입사 초기에는 수재가 조직생활을 하면서는 점점 경쟁력이 없는 사람으로 되어가고 있는 것이다.

A씨는 좋은 회사에서 의식주를 해결해주고 학자금 등을 지원해주다 보니 생활에 안주하게 되고 우물 안 개구리처럼 이 생활이 영원할 것으로 착각한다. 그러다 보니 퇴직의 나이가 되도록 집 한 채 없고 노후준비로 모아 둔 목돈도 거의 없다. 어항을 깨고 나올 수 있는 발상의 전환이 필요하다. 본질적 경쟁력을 스스로 갖추고 자기가 맡은 일도 성공적으로 수행해낼 수 있어야 한다. 퇴직일에 맞추어 깨지게 되어있는 어항 밖에서 노후를 살아가려면 준비가 필요하다. 우물 안 직장인은 이것을 잊고 오늘도 기쁘게 살아간다. 그러다 보니 퇴직 후에는 거대한 공룡을 잃어 실리적인 박탈감이 심하다.

우리는 회사형 인간으로 만들어지고 있다

직장을 구할 때 안정성을 선호하는 이유는 미래가 불안하기 때문이다. 안정된 직장에 입사한 A씨는 모든 인생을 회사에 바치게 된다. 그의 회사는 좋은 연봉과 수당 그리고 자녀 학자금 등 각종 복지혜택이 많다. 정년까지 그만큼 대우 해주는 것은 회사를 믿고 오직 회사에만 전념하라는 것이다. 입사한 이후 휴일도 잊은 채 열심히 일했다. 새벽빛을 보며 출근하며 자정이 다 되어 퇴근하는 것이 일상이었다. 내가 회사에 꼭 필요한 인재이며 이렇게 일하면 회사에서 인정받고 탄탄대로를 걸을 수 있다고 생각하기 때문이다.

직장의 야근은 부지기수다. A씨는 동창들과의 금요일 모임에 참석하기 위해 야근해서 잔무를 마쳤다. 퇴근하려 할 때 다른 직원들이 남아서 일하는 것을 보고 마음을 접었다. 다시 야근을 시작한다. 내가 필요하던 필요하지 않던 야근해야 한다. 동료가 야근할 때 같이 야근하지 않으면 조직에서 도태되기 쉽다. 같이 저녁에 퇴근하면서 늦은 시간이라도 포장마차에서 같이 술 한잔하며 뒷담화도 하고 직장인 인생을 논하고 함께한다. 그렇게 함으로써 우리는 하나라는 동질감을 갖는다.

우리는 이렇게 회사형 인간이 되어간다. 그리고 친구와 동창들과도 멀어져 간다. 왜냐면 모처럼 쉬는 휴일에는 지쳐서 하루종일 자기 바쁘고 만사가 귀찮기 때문이다. 아내는 휴일에 아이들과 놀이공원에 가자고 한다. 다음 주에 가자는 게 벌써 몇 번째다. 모처럼 차를 몰고 놀이공원으로 향한다. 내 몸이 힘든데 아이들이 업어 달라, 안아 달라 해서 몸은 천근만근이다. 그래도 즐거워하는 아이들을 바라보며 A씨는 안정된 직장에서 아이들을 키울 수 있어 흐뭇하기만 하다.

아침에 출근해서 퇴근할 때까지 같이 회사 생활을 하니 가족이나 친구들보다도 동료들이 더 가까울 정도다. 직장인의 유대감은 밤에도 계속된다. A씨는 다행히 술을 나름대로 하니 조직에 적응하기가 수월하다. 같이 술 한잔하는 사람은 참 동료이고 지켜주는 관계다. 이 관계가 조직에서의 라인으로도 형성된다. 월요일부터 금요일까지 동료들과의 술자리는 계속된다. 특별한 약속이 없는데도 퇴근 시간 전후로는 약속이 만들어진다. 당시에는 1차로 식사 후에 거나해지고 늦은 시간이나 새벽이면 동료의 집에 가서 술상을 받으며 함께하던 시절이었다.

A씨 일행은 그날도 직장 근처에서 직장인의 애환과 의리를 나누었다. 택시 타고 집으로 향하던 중 부장님 댁의 양주가 생각난다. "간단하게 부장님 댁에서 한잔하시죠!" 한마디에 부장님 댁으로 들어가게 된다. 새벽에 자던 사모님이 일어나 술상을 마련해주고 들어가신다. 양주를 몇 병이나 꺼내 마시고 즐기는데 베란다 밖에서 빛이 난다. 도둑인가 싶었는데 아침의 찬란한 태양이다. 그리고 그들은 즉시 택시를 타고 직장으로 출근했다.

취미생활도 회사 동아리 위주로 하니 휴일도 직장 동료들과 하게 된다. 휴가 때도 쉬는 날은 회사 근처에 와서 동료들과 회포를 푼다.

직장인 하루의 대부분을 회사를 위해 보내는 전형적인 '회사형 인간'으로 살아왔고 늘 경쟁에 치여 살아왔다. 술값만 해도 집 한 채 샀을 거라고 하니 정작 본인의 노후준비는 꿈에서도 생각도 못했다. 이것은 가족을 책임질 수 있다는 안정된 직장이 가지고 온 만족감에 스스로도 회사형 인간이 되어가는 것이다.

같은 듯 다른 두 사람

회사 퇴직 동기인 두 사람은 공영주차장에서 근무하고 있다. 카드형 무인 주차장이지만 실제로는 사람이 근무해야 한다. 주차관리도 해야 하고 특히 장애인, 저공해차량, 국가유공자등 할인 차량에 대해서 체크해야 한다. 카드 미소지 차량에 대해서도 체크해주어야 한다. 빨리 안된다고 재촉하는 사람들로 시끄럽고 뒤이어 기다리는 차도 빵빵거린다. A씨는 야간근무조에서, B씨는 주간근무조에서 근무하고 있다. 야간근무조는 야간수당이 있어 급여가 더 좋다. 그러나 밤 근무 자체가 인체 리듬상 쉽지가 않다. 두 사람은 같은 일을 하고 있지만 처한 상황이 다르다.

　A씨는 회사형 인간으로서 오직 일만 알던 사람이다. 앞만 보고 달려오고 일에서 성취감을 얻느라 재테크다운 재테크를 못했다. 즉, 퇴직 후의 노후준비를 전혀 못한 것이다. 평생직장으로 착각한 것이다. 그러나 퇴직 전까지만 평생직장이다. 그는 영예로운 퇴직을 했지만 건강보험료 납부때문에 일거리를 찾아 나서야 했다. 지금 이 주차관리원 자리도 쉽게 얻을 수 있는 자리가 아니었다. 퇴직 후에도 노동의 굴레에서 벗어나지 못하고 있는 것이다.

　반면에 B씨는 회사가 나의 노후까지 지켜주지 않는다는 것을 50세의 나이에 뒤늦게 깨달았다. 그래도 평소 조금씩 모아둔 예적금과 쌈짓돈으로 개별 주식이 아닌 타이거 나스닥지수와 월배당 ETF에 투자로 평생 현역으로 살고 있다. 주차관리원은 생존이 아니라 소일거리로 즐겁게 하고 있다. B씨는 퇴직 전에 돈이 들어오는 방법을 찾아낸 것이다. 그렇지 않으면 죽을 때까지 일해야만 한다. 이렇게 같은 듯 다른 두 사람이다.

ETF 05
최고의 재테크는 주식이다

주식은 투기인가? 직장인들은 대부분 주식 투자를 투기나 마찬가지로 위험하다고 생각한다. 그리고 직장 내에서 주식을 한다고 하면 회사나 동료의 부정적인 시선을 받는다. 회사의 목표는 직원들의 업무효율 향상을 통해 이익 창출을 하는 것이다. 주식에 관심을 갖으면 회사 업무에 등한시한다고 생각한다.

A씨는 재테크에 관심이 많았다. 주식 시장이 좋을 때 시작을 하다 보니 많은 레버리지를 활용해서 꽤 많은 돈을 번 것으로 알고 있다. 돈이 보이니 카드회사, 은행 그리고 회사 동료 여러 명에게 돈을 차용해서 투자를 했다. 동료들에게 이자도 잘 해주었고 능력자라는 칭찬도 들었다. 그러던 어느 날 IMF가 터졌다. 주식 시장은 폭락하고 그는 이자를 갚지 못해 빚더미에 회사도 못 나오고 도망 다니는 신세가 되었다. 결국은 은행으로부터 급여 차압이 들어오게 되었다. 회사 동료들에게 빌린 돈도 갚지 못하고 물의를 일으켜 결국 해임되고 만다.

회사 동료들은 돈 한 푼도 돌려받지를 못했다. A씨가 변제를 못하고 행방불명이니 은행에서는 보증을 선 회사 동료에게 변제 책임을 넘겼다. 급여 차압도 하겠다고 한다. 무시무시한 통고장이 날아온 것이다. 결국 동료의 채무를 보증한 죄로 수천만 원을 떠안았다. 그나마 급여에서 분할해서 납부하기로 약정할 수밖에 없었다. 그 돈을 써보지도 못하고 갚아야 하니 더욱 가슴이 시렸다. 그래서 어른들께서 보증을 서는 것은 아니라고 했던 것이다. 더군다나 집에 의논도 안하고 보증을 서서 문제가 되었다. 당연히 의논하면 못하게 하니 그렇게 했던 것이다.

얼마 전 그의 아내가 그의 처남이 취직은 안 되어 사업을 하려는데 안정된 직장에 다니는 그에게 보증을 서달라고 했었다. 어른들 말씀에 보증하는 것은 아니라며 거절을 했던 터다. 부부싸움은 불 보듯 뻔했다. 그러면서 회사직원한테는 왜 그렇게 했냐 따지는데 할 말을 잃고 부부간의 신뢰가 깨졌다. 직원 간에는 회사생활을 같이해야 하니 가까우면서 어려운 관계다. 그러한 사유에서 그와 회사를 믿고 그랬을 것이다.

IMF 이후 코스닥이 상장되고 증시가 활황에 있었다. 또 다른 A씨는 코스닥에 상장된 주식 등 관리대상 종목에 집중 투자 및 데이 투자를 했다. 사무실에서 시간만 나면 업무용 PC로 데이 투자를 하니 평판도 안 좋고 인사고과도 좋게 나올 수가 없다. 관리대상 종목도 한동안 급등해서 수익을 많이 얻었다. 그러나 집중 투자를 한 ○○디스

플레이 종목이 상장폐지로 큰 손해를 봤다. 그리고 데이 투자도 별로 재미를 못 보고, 회사에서 평판만 나쁘게 되었다. 근무시간에 주식을 하지 말라는 지적을 여러 번 받았다. 지적을 받아도 근무시간에 몰래 하고 소문은 더 안 좋게 났다. 결국은 A씨는 PC를 원격으로 제어당하고 최후 경고를 받은 후에야 주식에서 손을 떼게 되었다.

이렇게 주식 투자에 대해 안 좋은 면만 널리 알려져 있다. 주식 투자는 해서는 안 되는 것이고 패가망신하는 지름길이라고 뇌리에 박히게 되는 것이다. 그리고 당시에는 장기 투자라는 개념이 없었다. 그러한 문화 때문에 우리나라 국민의 대부분이 주식 투자를 투기라는 생각한다.

월급만으로 부자가 될 수 없다

지금은 주식에 대해 부정적인 시각이 긍정적으로 많이 바뀌었다. 주식 투자를 필수 불가결한 것으로 여기는 사람들도 많아졌다.

우리가 받는 월급은 생활에 필요한 만큼 쓰고 나면 항상 빠듯하다. 더욱이 자녀 사교육비는 소비의 대부분을 차지한다. 연봉이 올라도 지갑은 두툼해지지 않는다. 당장 이번 달 살기도 힘든데 저축할 돈이 어디 있다고 푸념하는 사람도 있다. 그렇다. 직장인이 월급만으로는 절대 부자가 될 수 없다. 이 말은 월급을 아끼고 아껴서 저축만 하는 것은 한계가 있다는 것이다.

A씨는 1980년대에 입사한 후 월 25만 원씩 은행에 적금을 들었다. 월급의 거의 절반을 은행에 맡긴 것이다. 그래도 당시는 금리가 상당히 높던 시절이다. 허리띠를 졸라매고 좋아하는 술자리도 가지 않고 목돈을 모으기 위해 3년을 그렇게 인내했다. 그렇게 짧지도 않고 결코 쉽지도 않은 고통스러운 3년이 흘러갔다. 은행 특수영업부에서 만기라고 연락이 왔다. 만기 시 총 수령 금액이 1천만 원이었고 은행으로 와서 수령하라고 한다.

A씨는 큰 가방과 신문지를 준비해서 은행으로 갔다. 신문지는 돈 냄새가 안 나게 안전하게 가져오려고 몇 일치 신문을 준비해서 갔다. 은행에서는 통장과 신분증을 확인하고 나서 거금 1천만 원을 달랑 수표 1장으로 주었다. 이 종이 1장을 받는 순간 그동안의 고통을 보상받지 못한 것 같다. 은행을 나서며 허무함이 그를 사로잡는다. 쓸쓸히 버스에 몸을 싣고 집으로 향한다.

은행을 통해 예적금을 하는 것도 기본적인 재테크의 한 방법이다. 그러나 부자가 되기는 어렵다. 그 당시의 투자 문화와 국민 정서로 보면 가장 모범적인 재테크다. 그리고 당시는 금리가 받쳐주던 때다. 지금은 금리가 인플레이션을 못 따라간다. 요즘 말로 예금 벼락거지가 되는 것이다. 만약 저축만으로 부자가 될 수 있었다면, 우리나라는 대부분이 중산층이거나 부자이었을 것이다.

그렇지만, 현실은 그렇지 않다. 그 이유는 저축으로 쌓아둔 돈은 현금 이상도 이하도 아니기 때문이다. 자본주의 사회에서 필연적으로 발생하는 인플레이션의 효과를 피할 수 없기 때문에 부자가 되기 어렵다. 화폐 시스템에 따라 인플레이션은 계속되는데 은행 예적금은 사실상 인플레이션을 이길 수 없다.

결국은 월급 이외의 수입이 필요하고, 그 돈의 파이프라인을 만드는 능력이 있어야 부자가 될 수 있다. 따라서 투자는 선택이 아니라 필수라는 것을 명심해야 한다.

그래서 직장인은 부자가 되려거나 그리고 퇴직 후 노후준비를 하려면 재테크를 잘해야 하는 것이다. 그리고 주식 투자로 생활비를 마련하려는 생각은 버려야 한다. 생활비로 생각한 순간 집안에 돈이 필요시 주가 하락에도 불구하고 매도하게 되어 결국은 손실을 입게 되어 있다. 투자는 생활비와는 다른 별도의 계정에서 해야 한다.

바쁜 직장인에게 가장 적합한 재테크는 주식 투자다

직장인은 큰돈을 벌기 위한 사업을 할 수가 없다. 그러므로 세계적인 CEO가 만들어 놓은 사업에 투자하면 된다. 사실상 직장인이 부자가 되는 것은 투자밖에는 없다.

A씨는 아침에 출근해서 티타임 후 9시부터 업무를 시작한다. 업무 시작 후 각종 회의와 보고서 및 일상 업무로 담배 한 대 피울 여력도 없다. 담배도 흡연구역까지 가야 한다. 퇴근 후 시간도 밀린 잡무로 야근하거나 야근이 없더라도 회식에는 참석해야 한다. 그런데 주식 시간은 오전 9시부터 오후 3시 30분까지다.

A씨는 요즘 직장은 예전과 다르게 주식 창을 쳐다볼 시간도 없는데 무슨 투자를 하냐고 푸념이다. 수시로 모니터링을 해야 한다는 것이다. 예전에는 맞고 지금은 잘못된 생각이다. 예전에는 투자하려면 개별 주식에 투자를 했지만 지금은 직장인에게 ETF가 대세다. 그리고 주식 시장에서도 돈이 ETF로 몰리고 있다. ETF는 개별 주식에 비해 리스크가 적고 주기적으로 종목을 리밸런싱(Rebalancing)한다.

　　매월 월급일에 시장 지수를 따라가는 ETF에 적립식으로 투자하면 된다. 점심시간에 10분 정도만 할애하면 충분하다. 개별 주식처럼 현재가를 확인하느라 많은 시간을 소비할 필요가 없다. 한 달 중 최저가인 날 그리고 시간대에 투자하는 것이나 마음 편히 적립식 날짜를 정해서 투자하는 것이나 수익률은 유의미한 차이가 없다는 연구결과도 있다.

　　바쁜 직장인에게 가장 적합한 재테크는 주식 투자고 그중에서도 ETF인 것이다. 또는 미국의 시장 지수 추종의 ETF를 적립식으로 투자하는 것도 좋은 방법이다. 미국 시장은 11시 반부터 시작한다. 그때까지 기다리지 않고 오후 6시 이후부터 프리 시장이 시작되므로 월급날 저녁에 매수를 걸어두면 된다. 직장인이 투자하기에 좋은 시대가 된 것이다.

　　막연히 시간이 없어 투자를 못한다는 생각을 깨야 한다. 직장인은 10년 이상 장기 투자를 하면 퇴직 후에는 안정적으로 정년이 없는 평생 현역으로 살 수가 있다.

ETF 06
초보자는 무조건
적립식 ETF가 답이다

"잠자는 동안에도 돈이 들어오는 방법을 찾아내지 못한다면,

당신은 죽을 때까지 일해야만 한다.

— 워런 버핏(Warren Edward Buffett)"

아무리 소득이 높아도 저절로 돈이 들어오는 시스템을 구축하지 못한다면 평생 일해야 한다. 직장인 A씨는 점심식사 후 동료 직원들과 회사 둘레를 산책하며 노후준비에 대해 조심스럽게 이야기를 꺼낸다. 그러면 대부분 월급을 받으면 자녀 교육비 등으로 쓰느라 먹고 살기도 어렵고 돈을 모을 생각은 하지 못하고 있다고 말한다.

이렇게 직장에서 서로 노후준비에 대한 이야기를 하는 것은 언감생심이었다. 당장 일상 업무와 추진 성과를 내야 할 업무들이 많은데 재테크 이야기를 꺼내기란 쉽지 않았다. A씨는 내년이면 50대에 들어서니 요즘 부쩍 걱정이 앞선다. 그도 재테크에 대해서는 다른 직장인들과 대동소이하기 때문이다.

투자를 투기라 생각하며 죽어라 일하지만, 월급을 모으지 못하고

있다. 선배들 또한 잠자는 동안에도 돈이 들어오는 방법을 못 찾으니 퇴직 후에도 재취업할 곳을 찾아다니는 것이다. 투자가 어려워서, 그보다는 무서워서 예적금에 머물러 있는 사람도 있다.

그래서 금융교육이 중요하건만 정작 우리나라는 금융교육이 전무한 상태다. 금융당국이 2009년부터 금융교육을 정규 교과목으로 편입하는 방안을 추진했으나 10여 년째 이루어지지 않고 있다. 관련 법이 매번 국회를 통과하지 못했기 때문이다. 이는 교육 현장에서 금융교육이 제대로 이뤄지지 않는 가장 큰 원인으로 지목된다.

우리나라와는 달리, 영국은 11세부터 금융교육을 정규과목으로 선택하고 있다. 미국은 연방정부 차원에서 금융교육 의무화를 추진하고 있다. 그리고 금융교육을 학교 교과과정에 의무적으로 채택하게 하는 경우도 각 주의 절반에 가깝다. 최근 노스캐롤라이나주가 금융교육 의무화법을 통과시키기도 했다. 공교육 현장에서의 금융교육이 부족한 현 상황에서 어린 학생들이 금융에 관심을 가지는 것은 현실적으로 어렵다. 현대 자본주의 사회에서는 그 누구도 금융과 무관할 수 없는 만큼 안타까운 현실이다.

ETF 투자는 소액으로도 가능하다. 직장인들도 10만~100만 원으로 안전하게 투자할 수 있다. 이만한 투자금으로 한 국가의 시장 전체에 투자할 수 있는 것이 ETF의 매력이기도 하다. 주식 투자 한 번에 큰 수익을 내려면 목돈이 있어야 가능하다. 그래서 주식 투자를 투기 또는 도박으로 생각하는 것이다.

ETF는 무엇인가? 쉽게 설명하면 투자자들이 개별 주식을 고르느라 수고하지 않아도 되는 투자다. 펀드 투자의 장점과 언제든지 시장에서 원하는 가격에 매매할 수 있는 주식 투자의 장점을 합쳐 놓은 상품이다. 즉, 소액으로 초우량의 여러 기업에 투자할 수 있다. 그래서 직장인의 투자에 적합한 것이다. 일단 이것을 이해하고 실천하면 '부의 열차' 탑승권을 받은 것과 같다.

해외 주식도 1,000원 단위로 살 수 있다. 미국에 상장된 우량 주식과 ETF를 1주 미만 소수점 단위로 쪼개서 사고팔 수 있는 '해외 주식 소수점 거래' 서비스가 시작되었다. 해외 주식 소수점 거래는 소액(최소 주문 금액 1,000원)으로 고가의 미국 주식 혹은 ETF를 최소 0.000001주 단위부터 사고파는 서비스다.

예를 들어, 워런 버핏이 최고경영자(CEO)로 있는 세계에서 가장 비싼 주식인 버크셔 해서웨이(클래스 A)도 최소 1,000원으로 거래할 수 있다. 주당 44만 달러가 넘는 주식을 살 수 있는 것이다.

월급에서 여윳돈을 따로 떼어내 주식에 투자하고 비가 오나, 눈이 오나 그냥 묻어두라는 피터 린치(Peter Lynch)의 말을 기억하라.

직장인은 퇴직 후의 노후준비로 월급날에 ETF를 사고 투자 기간은 10년 이상 장기로 잡는 것이 좋다. 초보자가 개별 주식을 사서는 기관 투자자나 해외 투자자, 즉 세력을 이길 수 없다. 그런 만큼 ETF 장기 투자가 답이다. 마음 편한 투자, 즉 잃지 않는 투자를 할 수 있기 때문이다.

지수 추종 ETF로 시작하라! 지수 추종 ETF는 주식에 많은 시간을 투자할 수 없는 직장인에게 가장 좋고 안정적인 투자 방법이다. 이는 개별 주식 대신 지수, 즉 시장을 사는 것이다. 개별 주식은 우량주라도 기업의 변동성에 영향을 받겠지만 시장은 항상 우상향한다. 이 점을 중시하라. 이 시장에 퇴직하는 날까지 장기 투자하는 것이다.

우상향하는 시장에 장기 투자하는 것이 초보자에게는 잃지 않는 투자기 때문이다. 그렇다면 투자는 언제부터 하는 것이 좋을까? 답은 한 살이라도 어릴 때가 좋다.

직장인은 처음 월급 받을 때부터 주식 투자를 시작하면 좋겠지만 지금이라도 늦지 않았다. 평생 투자할 만한 ETF 2개를 소개한다.

첫 번째, 미국을 대표하는 500개 기업의 주가지수를 추종하는 S&P500이 있다. 두 번째, 나스닥에 상장된 기업 중 100개 우량기업의 지수를 추종하는 나스닥100이 있다. 이것들에 투자하는 것은 미국 핵심기업에 투자하는 것이다. 2개의 지수 추종 ETF를 6대 4의 비율로 함께 보유하는 것도 분산 투자 관점에서 좋을 것이다. 2개의 ETF를 보유한다는 것은 애플, 테슬라, 구글 등 세계적인 회사의 CEO를 내 직원으로 둔다는 뜻이다.

한편, 변동성이 심한 국내 시장 지수보다 하락 시에도 회복력이 좋은 미국의 2개의 시장 지수에 투자하는 것이 좋다. 전체 주식 시장에서 미국 시장은 50%의 비중을 차지하는 반면 한국 시장의 비중은 1%에 불과하다. 2개의 미국 시장 지수 ETF는 국내 증권사 어플에서 직접 투자로 살 수 있다. 국내 상장 해외 ETF로 투자할 수도 있다. 예를 들면 미국 S&P500, 미국 나스닥100이 있다.

국내 ETF 자산 운용사로는 KODEX(삼성자산운용), TIGER(미래에셋자산운용), KBSTAR(KB자산운용), ARIRANG(한화자산운영), KINDEX(한국투자신탁운용), KOSEF(키움투자자산운용) 등이 있다.

낮에는 직장에서 그리고 밤에는 잠자는 동안에도 돈이 들어오는 방법을 찾았으니 여러분은 부의 열차 탑승권을 갖게 된 셈이다. 이제 여러분은 평생 정년 없는 현역이 되는 것이다. 이 얼마나 행복한 일인가? 퇴직 후에도 경제적 자유를 얻을 수 있다니 말이다. 이런 것은 회사에서는 절대로 알려 주지 않는다. 지금 필자가 여러분에게 퇴직 후 빈자에서 부자로 가는 길을 알려주는 것이다.

생각보다 쉽지 않은가? 그렇다. 이렇게 쉬운 방법이 있다. 이것은 콜럼버스의 달걀과 같은 것이다. 누구나 부자가 될 수는 없다. 그러나 독자 여러분은 부자가 될 수 있다. 이 말을 꼭 명심하시라! 기업은 망해도 국가는 안 망한다. 그 때문에 시장이라는 나라 지수에 투자하는 것이 가장 안전하다.

그런데 이렇게 쉽고도 마음 편한 투자 방식을 제시해도 두려워하며 투자를 안 하려는 사람이 있다. 그렇다면 부의 열차에서 오르지 못하고 낙오하는 것이다. 우상향하는 시장에 올라타라. 도표를 참조하라. 금융위기, 코로나19 등을 제외하면 주식 시장은 항상 완만하게 우상향한다. 그러니 거인의 어깨 위에 올라타야 한다.

그래도 실행하지 못하는 독자를 차마 버리고 갈 수는 없다. 이들은 예적금을 활용해서라도 목돈을 만들어야 한다. 시간이 없다고 급여통장이나 투자 통장, 군대나 대학에서 만든 통장을 사용해서는 안 된다.

이때 마이뱅크 어플을 활용하면 유용하다. 이율 높은 곳이 잘 정리되어 있기 때문이다. 그리고 특판을 잘 활용하면 도움이 많이 된다. 그 외에 달러 환율 우대를 받는 것도 있다. 환율이 최근 5년간 평균가인 1,140원 이하일 때는 환차익을 얻기에 좋다. 기축통화인 달러를 보유해 돈으로 돈을 벌 수 있는 것이다.

나스닥 10년간 지수

출처 : 네이버 증권

S&P500 10년간 지수

출처 : 네이버 증권

초보자는 무조건 적립식 투자를 선택해야 한다

적립식 투자는 주가의 오르내림에 상관없이 매월 같은 금액을 투자하는 방법이다. 초보 투자자나 비교적 쉽고 안정적으로 투자하고 싶은 사람에게 적합하다. 일정한 금액을 일정한 주기에 투자하면 되기 때문이다. 시간이나 종잣돈이 없는 직장인에게 매우 유용하며 장기투자에도 적합하다.

또한, 적립식 투자는 분할매수라는 강력한 장점을 갖고 있다. 변동성이 있는 주식을 정기적으로 매수함으로써 매입가격 평균화 효과를 누릴 수 있다. 주식 가격이 오를 때는 매수하는 주식 수가 적어지고 가격이 내릴 때는 매수하는 주식 수가 많아진다. 그럼으로써 평균 매입가격이 내려가게 된다.

이렇게 꾸준히 투자해 평균 매입가격이 시장 가격보다 낮아지면 그 차익으로 수익을 극대화할 수 있다. 초보자가 거치식으로 투자하면 고점인지 저점인지 시장을 모르기 때문에 위험하다. 이러한 것을 보완해주는 것이 적립식 투자다.

잃지 않는 투자 기간을 전문가들은 5년 이상이라고 말한다. 직장인들이라면 월급날 적립식으로 시장 지수에 장기 투자하라. 그러면 퇴직일에 행복을 거머쥐게 될 것이다. 적립식 장기 투자는 로 리스크 하이 리턴(Low Risk, High Return)이다.

ETF 07
무작정 창업하지 마라

"무작정 창업하지 마라! 무작정 퇴사하지 마라"를 명심하라.

A씨는 퇴직 후 치킨 프랜차이즈 체인점을 창업했다. 퇴직 후에도 관리비, 보유세, 건강보험료 등 기본적으로 매월 돈이 필요했기 때문이다. 수입원보다 필수적으로 지출할 돈이 더 많기 때문에 그는 일시불로 수령한 퇴직연금으로 창업했다. 다니던 직장 근처에 점포 계약을 했다. 전 회사 동료들이 몇백 명이나 되니 도움이 되지 않을까 생각하고 그곳에서 시작했다. 그리고 이 지역 토박이여서 학교 동창들이나 지인들이 많으니 나름 손님 모으는 것에 자신이 있었다.

경영학의 아버지인 피터 드러커(Peter Ferdinand Drucker)는 사람들이 사업에 실패하는 이유가 경영의 기본과 원칙을 모르기 때문이라고 말했다. 특히 우리나라의 창업자들은 평균 준비 기간이 6개월도 안 되는 상태에서 퇴직과 생활난 등으로 급하게 준비해서 시작하는 경우가 많다. 이처럼 준비 과정을 탄탄하게 하지 않고 의욕만 갖고 무작정 시작하면 점포를 오픈하고 감당하지 못할 최악의 결과를 맞이할 수 있다.

창업 성공률

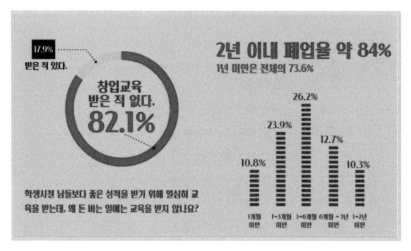

출처 : 중소기업청, 소상공인진흥원

창업 성공률이 10% 정도에 불과한 것을 알면서도 왜 할까? 절박하니까 시작하는 것이다. 실패하기 쉽다는 것을 알면서도 시작하는 것이 아이러니하다.

그래도 A씨는 창업을 하고서 겪는 감당못할 최악의 결과는 없었다. 오히려 인맥 관계가 있어서 점포는 문전성시를 이루었다. 현직일 때 급여의 몇 배 이상을 벌었다. 이게 사업이구나 생각했다. 퇴직연금을 일시불로 수령해서 시작한 사업으로 최상의 결과를 얻었다. 그는 자신은 월급쟁이가 아니고 포부가 큰 사업가가 적성에 맞다고 생각했다. 학교 동창들 행사도 대부분 그의 점포에서 했다. 손님이 붐비다 보니 일반 고객들도 맛집으로 생각하고 찾게 되었다. 문제는 확장성에서 생겼다. 인근의 일반인들은 맛과 서비스에 문제가 있다 생각하고 발길을 차차 멀리하기 시작했다. 지인 고객들에게만 서비스가 우선인 것 때문이다. 그러나 이것은 시작에 불과했다. 창업을 했다고 우선적으로 찾아 주었던 회사 동료나 동창들도 서서히 떠나갔다.

체면과 의리상으로 한 두 번 찾아 주었지만 누가 먼저랄 것도 없이 발길을 돌리게 되는 것이다. 맛과 서비스에 만족해야 계속 찾아올 텐데 창업 준비가 부족해서 모든 것이 부족했다. 처음에는 인맥으로 매출이 올랐더라도 그 이후 일반 고객이 찾지 않으니 결과는 폐업이다. 지인만으로는 성공할 수 없다. 그래도 거의 2년간을 버텼으니 그것만도 대단하다. 그러나 창업에 성공하려면 실질적인 준비가 필요한 것이다. 결국, 그는 밀린 임대료 및 고용노동부에 고발된 인건비로 새벽이면 인력관리사무실로 출근한다. 준비가 없는 창업은 재앙이다.

B씨는 유통 및 마케팅 회사에 다녔다. 퇴직 후에 회사에서의 경험을 나름 살려서 네트워크 회사를 창업했다. 여의도에 3개 층을 임대해서 회사의 면모를 갖추고 사업을 시작했다. 회원들을 위한 교육장을 포함한 큰 규모였다. 그리고 인지도를 활용해서 많은 사람을 회원으로 모집했다.

전국에서 내로라하는 인재들이 여의도로 몰렸다. 1주일에 2번 시행하는 회원교육은 문전성시를 이뤄 교육장은 교육생으로 넘쳐났다. 여의도 본사 인근의 분식점 식당들도 줄을 서서 기다리다 식사해야 할 정도이다. 취업을 못한 젊은 사람들도 부자에 대한 큰 꿈을 이루고자 분식점에서 라면으로 점심을 때우면서 교육에 참석했다.

모두 부푼 꿈을 꾸며 다이아몬드급 강사의 강의에 빠져든다. 기존의 회사는 노동력을 착취하는 것이다. 네트워크 사업이야말로 여러분이 노력한 만큼 여러분에게 돌아간다고 한다. 그야말로 공정한 사업이라고 한다. 세상은 네크워크 사업으로 패러다임이 바뀌고 있다 등등 강사의 열변에 이어서 신입회원들의 박수 소리가 여의도 강변의 매미 소리보다 몇 배는 더 크다.

한여름 여의도의 매미 소리가 얼마나 요란한지는 경험하지 않고는 모른다. 필자가 여의도에 근무했을 때 여름철 한낮에 강변의 매미 소리에 정신이 혼미해질 정도다. 강사는 그 유명한 여의도 매미 소리보다 강한 박수와 환호를 받았다. 1개월 후에는 얼마가 들어오고 6개월 후에는 또 얼마가 들어오고 1년 후에는 부자가 될 수 있다고 하니 박수 소리가 여의도 매미 소리를 압도했다.

B씨는 업계 최고의 단계인 다이아몬드급이다. 이제 세상의 돈은 다 모일 것 같았다. 지방에서 지사를 설립하겠다는 문의도 전국적으로 쇄도했다.

지방에 지사를 설립할 인재들을 발탁해서 전국적인 규모의 회사로 발돋움을 했다. 네트워크 사업은 초창기에 시작하면 유리하다. 기존 네트워크 사업을 하던 많은 사람들이 B씨의 회사에 회원으로 들어왔다.

주변의 친지나 지인들도 너도나도 황금 노다지를 얻기 위해 회원으로 가입했다. 대표이사의 사무실은 면담하고 싶다는 사람들로 줄을 이었다. 회원 중 한 분은 100명이나 되는 사람을 소개해서 본인 단계에서 큰 세력을 만들기도 했다.

그렇게 사업을 시작한 지 6개월이 지났다. 월 건물 임대료만 수천만 원에 매월 인건비만 1억 원이 넘었다. 어느날 B씨는 밀린 임대료, 인건비, 관리비 등으로 버틸 만큼 버티다 주저 앉았다. 결국은 신용불량에 민형사 고발로 처벌을 받았다.

그래서 무작정 창업하지 말라

그냥 창업을 하지 말라는 것이 아니라 무작정 창업하지 말라는 것이다. C씨는 보통사람과는 다르게 직장에서 퇴근하기 전부터 퇴직 후를 생각했다. 창업을 차근차근 준비했다. 회사에서의 본인의 전공을 바탕으로 하는 것이여서 몇십 년의 경력도 있다. 미래의 경쟁회사들을 방문해서 벤치마킹도 하고 대표들과도 수시로 잘 어울렸다. 회사에서의 전공업무 및 직책으로 대표들과도 친선관계 유지 및 업황을 잘 파악할 수 있었다. 그리고 인품이 좋아 직원들로부터 신망이 깊었고 따라서 인적자원 관리를 잘할 수 있었다. 그리고 경영관리자 평생교육도 이수해서 인맥도 넓힌 것도 자산이었다.

C씨는 회사를 설립 후 같이 근무하던 퇴직 직원을 채용했다. C씨는 경험이 풍부한 우수한 직원을 확보할 수 있고 퇴직자들은 퇴직 후에 일자리를 얻었으니 서로에게 좋은 것이었다. 직원 수만 수십 명이 되었고 많은 입찰에서 낙찰받았다. 그리고 중견기업으로 발돋움했다.

D씨는 퇴직 후 족발전문점을 하려고 마음먹었다. 그리고 동창이 하는 유명 맛집인 족발전문에서 견습생으로 6개월을 배웠다. 직장에서 직위도 있었는데 동창 밑에서 지시받으며 일하는 게 창피하기도 했지만 창업을 하기 위해서 참았다. 그러면서 업황을 잘 파악할 수 있었고 유통망도 터득했다. 그리고 그는 인근 지역에서 창업했다. 견습생으로 배운 일이라 생소하지 않았고 등산객이 많이 다니는 곳이라 하루 매출도 매우 높았다.

이처럼 사례에서 보듯 퇴직 전 준비가 창업의 성패를 가른다. 퇴직 후 창업하지 말라는 것이 기본 생각이지만 창업으로 다 실패하는 것은 아니다. 퇴직자는 평소 취미나 오랫동안 익혀온 전문성을 살리는 것이 성공률이 높다. 시니어 창업! 철저히 준비하는 자만이 성공한다!

ETF

ETF

2장

나는 ETF로
월급을 받는다

ETF 01
배당주 및 월배당 ETF로
월급을 받자

직장인들에게 항상 월급은 빠듯하다. 연봉이 많든 적든 통장에 들어온 돈은 슬그머니 없어진다. 부조금을 내려고 통장을 보니 마이너스다. 입사해서 급여통장 만들 때 마이너스 1천만 원으로 하다가 그나마 500만 원으로 줄인 게 다행이다. 자신도 모르게 과소비가 될 수있어서 그렇다. 다음 월급날이 언제 돌아오나 달력을 본다. 아니 이제월급을 받은 지 2주도 안 되었다. 자영업을 하면 직원들 월급 주는 날만 온다던데, 직장인들은 월급날이 멀기만 하다.

직장생활을 하려면 부조금도 꾸준히 나간다. 필자가 직장생활할때 직장인은 거의 통장과 보안카드 등을 집에서 관리했다. 그렇다보니 부조금이나 기타 사교 비용 등을 집에서 받아서 써야 했다. 요즘신입직원들은 각자가 본인 통장을 관리하니 세상은 많이 변했다. 직장생활할 때도 그랬는데 퇴직 후는 더하다. 부조금하려면 손을 벌려야 하고 그때마다 마냥 좋은 소리 듣는 것도 아니다.

A씨는 나이 50세 전후에 최고의 투자는 ETF라는 것을 알게 되었다. 금융위기 때 브릭스 펀드 등을 해본 경험이 있었다. 금융위기로 공포스러울 때 모두 손실을 보고 떠났지만 그는 폭락장을 견디어냈다. 투자 소신이 있어 가능했던 일이다. 그리고 어느 날 공포가 지나가고 20% 이상의 수익을 올렸다.

펀드보다 편리하고 미국 시장 지수를 지향하는 ETF에 주목했다. 세상의 여러 종류의 투자 중 마음 편한 직장인 최고의 투자라고 생각했다. 그는 월급날마다 S&P500 시장 지수를 추종하는 ETF와 월배당 ETF에 적립식으로 투자했다. 개별 주식으로는 일반인이 외국인이나 기관 투자자를 이기기가 어렵다. 장기로 투자하면 시간의 힘으로 투자의 수익 확률을 극대화할 수 있다.

매월 한 달이 경과할 때마다 나오는 배당금은 추가 투자로 복리의 효과를 누릴 수가 있었다. 그리고 매월 적립되는 금액과 투자 이익으로 평가금액도 퇴직 시에는 수억대가 되었다. 정년퇴직 이후에는 월 배당금을 재투자하지 않고 월 배당 ETF로 월급을 받는다. 그는 정년이 없는 평생 현역으로 살고 있다. 금융소득이 노동소득을 앞지른 지 오래다. 이것은 모든 직장인이 그리고 모든 대한민국 사람들이 꿈꾸는 로망이다. 모두가 바라는 로망이지만 평생 현역으로 살지는 못하는 것이다. 이것은 금융지식이 없어서다. 금융의 차이가 극과 극의 빈부의 차이를 만드는 것이다. 이것은 주식을 투자가 아닌 투기로써 패가망신당한다는 사고방식에서 벗어나지 못하고 있어서다.

평생 모아야 할 ETF는?

우리나라의 기업은 주주에 대한 보상 의식, 즉, 배당금 지급에 대한 책임감이 적은 편이다.

반면 미국 기업은 대체로 주주에 대한 보상을 중요하게 여기고 현재의 성장과 미래의 성장가능성 통해서 배당금을 지급하고 있다.

즉, 미국 주식 투자의 특징이자 장점은 배당하는 주식이 많다. 따라서 미국 주식에 투자하는 것이 유리하다.

평생 모아야 할 첫 번째 ETF는 S&P500이다. 이 ETF는 미국을 대표하는 500개의 기업의 주가 지수를 기반으로 한다. 두 번째 ETF는 나스닥100이다. 이것은 나스닥에 상장된 기업중 100개 우량기업 주가의 지수를 기반으로 한다. 두 ETF를 통해서 미국의 핵심기업에 투자하는 것이다. 이로써 미국의 대표기업의 CEO를 내 부하로 두는 것이다. 그들 수백명의 CEO들은 나를 위해서 내가 자는 동안에도 일하고 있다. 미국 최고의 기업에 입사해서 일하는 것보다 더 매력적이지 않은가?

S&P500과 나스닥100의 차이점 (2022.1월 기준)

구 분	S&P500	나스닥100	차이
정보기술	26.68%	48.45%	-21.77%
금융	12.92%	1.49%	11.43%
헬스케어	13.39%	5.97%	7.42%
순환소비재	12.29%	15.60%	-3.31%
통신서비스	10.25%	18.90%	-8.65%
산업재	8.08%	3.71%	4.37%
방어소비재	6.24%	4.99%	1.25%
에너지	2.66%	0.00%	2.66%
유틸리티	2.48%	0.91%	1.57%
부동산	2.75%	0.00%	2.75%
기초소재	2.25%	0.00%	2.25%

		가치	혼합	성장	계
S&P	대형	19.40%	32.57%	31.37%	83.34%
	중형	6.00%	7.30%	3.18%	16.48%
	소형	0.14%	0.04%	0.00%	0.18%
	계	25.54%	39.91%	34.55%	100.00%
나스닥	대형	9.37%	29.90%	56.38%	95.65%
	중형	1.40%	1.73%	1.23%	4.36%
	소형	0.00%	0.00%	0.00%	0.00%
	계	10.77%	31.63%	57.61%	100.01%

ETF는 섹터별 비중을 참조해서 투자하는 것이 바람직하다

워런 버핏과 헤지펀드는 2008년에 '10년간 어느 쪽이 더 많은 이익을 낼지'를 두고 흥미로운 내기를 했다. 결론부터 말하자면 버핏이 승리했다. 둘의 대결 기간은 2008년부터 2018년까지 10년간으로 했다. 버핏은 10년 동안 뱅가드 S&P 인덱스 펀드에 투자했다. 반면에 헤지펀드는 5개의 액티브 펀드(시장 수익률을 초과하는 수익을 올리기 위해 펀드매니저들이 적극적인 운용 전략을 펴는 펀드)에 분산 투자를 했다.

버핏이 고른 인덱스 펀드의 연평균 수익률은 7.1%였고, 헤지펀드가 고른 액티브 펀드의 연평균 수익률은 2.2%였다. 헤지펀드의 2.2%라는 수익률은 매매비용과 운용보수가 상대적으로 많아 수익률이 더 낮아진 것이다.

이 대결에서 보면 인덱스 펀드 투자가 액티브 펀드인 헤지펀드 투자보다 연평균 수익률이 3배 이상 좋았다. 인덱스 펀드에 투자하면 액티브 펀드 투자보다 마음 편한 투자를 할 수가 있다.

쉽고 단순한 시장 지수를 추종하는 인덱스 투자가 어렵고 복잡한 투자를 이겼다. 더욱이 인덱스 펀드에서 한 단계 진화한 재테크 상품이 시장 지수를 추종하는 ETF이다. 그래서 평생 장기적으로 모아야 할 ETF는 S&P500과 나스닥100이다. 이것이 부자로 가는 부의 추월차선을 타는 것이다.

월 배당주 그리고 월 배당 ETF는?

미국 S&P500 지수에 포함된 500개 기업 중 배당을 지급하는 기업은 400개가 넘는다. 미국을 대표하는 상위기업뿐만 아니라 대부분의 미국 상장기업은 배당이 너무나 당연한 책임이다. 따라서 매월 월급처럼 배당금을 받아 평생 현역으로 살거나 월급을 한 번 더 받으려면 국내 주식보다는 미국 주식에 관심을 가져야 한다.

배당주로 매월 배당을 받기 위해서는 월 배당주에 투자하는 방법이 있다. 또 다른 방법은 분기별 배당주를 조합해서 매월 배당을 받는 방법이다. 이처럼 배당금 지급 기간을 나누어 균형이 잡힌 포트폴리오를 구성하면 된다. 이러한 배당 주식의 조합을 증권사에서 제공하는 곳도 있어 유용하게 활용할 수 있다.

또 다른 방법은 배당 ETF에 투자하면 된다. 배당 ETF 중에서 배당 수익률이 S&P500 지수 ETF보다 좋으며 시가총액과 거래대금이 많은 쪽을 선택하는 것이 좋다. 월 배당 ETF는 DIA, SPHD, DGRW

등 그리고 분기 배당 ETF로는 VYM, DGRO, NOBL, SPYD 등을 꼽을 수 있다. 이제 우리는 배당주 및 월 배당 ETF로 월급을 받고 정년이 없는 평생 현역으로 살기로 하자.

ETF 02
ETF로
돈이 몰리고 있다

직장 내에서 몇몇 소수의 사람끼리만 소곤소곤 주식 투자 이야기를 하고 있다. 주식 관련 이야기는 그들끼리만 있을 때 정보 교환을 위해서 한다. 공공연히 주식 투자에 관한 이야기를 하는 순간 소문이 안 좋게 난다. 업무에 지장을 초래하고 직원들한테 금전을 차용해서 문제가 생길 수 있다는 이유에서다. 그리고 직장에서는 아침부터 퇴근 시까지 그리고 야근하는 시간까지 거의 직장 동료들과 어울리게 되므로 특히 소문을 주의해야 된다.

점심식사 후 잠시 대화를 나눈다. A씨는 삼성전자를 82층(8만 2천 원)에서 몰빵으로 매수해서 손실이 이만저만이 아니다. 반은 매도해서 병원비에 써야 한단다. 다른 직원 B씨는 48층(4만 8천 원)에 사서 한 주당 3만 원의 차익으로 상당한 수익을 얻었다. 똑같은 회사의 주식인데 이렇게 다르다. 둘의 차이는 먼저 시작하고 늦게 시작하고의 차이다. 아무리 우량주라도 장기적으로 우상향을 하지만 끝이 없어 보이는 횡보

속에 어느 날 치솟아 오르는 것이다. 그간을 버티지 못하고 손절해서 그 금액으로 잘 나가는 주식을 사고 나면 그 주식은 폭락하고 이렇게 악순환하는 것이다.

B씨는 ETF에도 투자하고 있었다. 거칠게 우상향하는 미국 시장 지수의 힘을 깨닫고 있다.

국내 시장은 횡보장에서 올라가는 힘이 부족한데 미국 시장은 탄력성이 좋다. A씨에게 마음 편히 투자할 수 있는 미국 시장 지수 추종 ETF를 소개했다. ETF는 인덱스 펀드와 주식 거래의 장점을 모두 갖추어 많은 투자자들이 활용하는 혁신적인 투자 상품이다. 미국 시장 지수를 추종하므로 적립식으로 투자하면 결국 시간의 힘에 의해 몇 십 배의 수익을 얻을 수 있다. ETF는 인류탄생 이후 최고의 금융상품이고 최상의 투자 가치가 있다. 개별 주식에 대한 적립식 투자는 폭풍 속의 출렁임에 못 견뎌 멀미로 원금까지 토해내는 경우가 많다.

그러나 A씨는 지금까지 주식을 했으면서 ETF는 처음 듣는다. 바쁜 직장생활로 주식 공부에 신경 쓸 마음의 여유가 없었기 때문이다. 그리고 미국 주식은 안 해봐서 두렵고 환전이나 환율 등으로 어려울 것만 같다. B씨는 국내에서도 미국 시장 지수를 따르는 ETF 투자가 가능하다는 것을 알려 주었고, A씨는 국내 상장 해외 ETF에 거치식으로 분할매수 및 매월 적립식으로 하게 되었다. 이제야 제대로 된 투자를 하게 된 것이다.

국내 ETF 시장이 커지고 있다

이렇듯 정보가 부족한 직장인들도 ETF에 들어오고 있다. 국내 주식 시장의 답답함도 하나의 원인일 수 있다. 국내 ETF 시장으로 돈이 몰리고 있어 ETF 시장이 가파른 성장세를 보이고 있다. 앞으로도 ETF 시장이 강한 성장세를 이어갈 것으로 전망하고 있다.

포트폴리오 투자, 접근성, 다양성에다 풍부한 유동성에 힘입은 급성장세가 내년에도 이어져 전 세계 ETF 시장의 70%가량을 차지하는 미국의 ETF 시장은 최대 8조 7천억 원 달러로, 국내 ETF 시장은 최대 86조 6천억 원으로 커질 수 있다는 분석이 나왔다.

IBK투자증권은 2022년 한국 ETF 운용자산(AUM)이 75조 3천 억원에서 86조 6천억 원에 달할 것으로 예상했다. 2021년이 70조 6천억 원 정도이므로 규제 완화 등에 힘입어 최소 6.6%에서 최대 22.7%의 성장을 내다본 것이다.

2012년 14조 8천억 원이던 한국 ETF 시장은 2015년에 20조 원을 돌파했고, 2017년에 35조 원, 2018년에 40조 원, 2019년에 51조 원, 2020년에 52조 원을 기록하는 등 가파르게 커졌다. 10년 동안 연평균 22.7%의 성장세를 보였다.

미국 ETF AUM(Asset Under Management)은 올해 7조 1천억 달러에서 11.0~21.6% 늘어난 7조 9천억 달러에서 8조 7천억 달러로 전망하고 있다.

크게 성장한 ETF 시장　　　　（단위 : 조 원, 개）

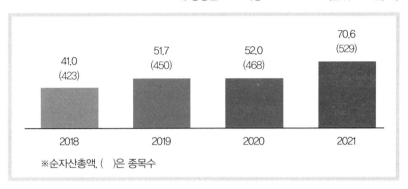

※순자산총액, (　)은 종목수

출처 : 한국거래소

모닝스타(Morningstar Inc.) 데이터에 따르면 2021년 전 세계 ETF 유입액은 11월 말 처음으로 1조 달러를 넘어섰으며, 이는 작년 총 7,357억 달러를 넘어섰다. 이러한 자금의 물결은 시장의 상승과 함께 글로벌 ETF 자산을 거의 9.5조 달러로 밀어붙였으며, 이는 2018년 말에 업계가 두 배 이상 증가한 수치다.

　그 돈의 대부분은 뱅가드 그룹(BlackRock Inc. BLK)+0.20%, 스테이트 스트리트 주식회사(STT)+0.36%가 운영하는 저비용 미국 펀드로 들어갔다. 이는 모든 미국 ETF 자산의 거의 대부분을 함께 제어한다. 애널리스트들은 올해 S&P500에 대한 25% 상승을 포함한 주식 시장의 상승과 고수익 대안의 부재로 이러한 펀드에 대한 관심이 높아졌다고 말했다. 코로나19 시대에 현금의 역사적인 급증이 ETF 시장으로 돈이 몰리고 있는 것이다.

최고의 금융상품은 ETF!

ETF(Exchanged Traded Fund)는 특정 지수의 성과를 추적하는 인덱스 펀드를 거래소에 상장시켜 주식처럼 거래할 수 있게 한 펀드다. 그래서 상장지수 펀드라고 부르며, 인덱스 펀드와 주식 거래의 장점을 모두 갖춰 많은 투자자들이 활용하는 혁신적인 투자 상품이다.

주식 투자를 하면서 워런 버핏에 관해서 들어보지 못한 사람은 없을 것이다. 투자의 제1원칙은 "Never lose money(절대 돈을 잃지 마라)" 투자의 제2원칙은 "Never forget rule No.1(제1규칙을 절대로 잊지 마라)"다.

주식을 해본 사람은 이 규칙이 얼마나 어려운지 알 것이다. 주식 투자에서 본전을 하려면 수익이 있어야 한다. 주식은 매수 및 매도 과정에서 수수료 및 세금이 부과된다. 그래서 원금을 지키려면 주가가 올라야 한다. 그래서 돈을 잃지 않기가 어려운 것이다.

"자신이 잘 아는 종목에 장기 투자하라. 만약 그럴 자신이 없으면 인덱스 펀드에 분할 투자하라." 3대 키포인트는 '장기 투자', '인덱스 펀드', '분할 투자'다.

1. 장기 투자 : 버핏은 10년 이상 보유하지 않을 주식이라면 10분도 보유하지 말라고 하며 코카콜라 주식을 평생 가져간다 했다.

2. 인덱스 펀드 : 한 개의 개별 주식보다는 여러 개의 종목을 가지고 가는 것이 리스크 관리에 좋다고 했다.

3. 분할 투자 : 우량 주식도 고점에서 매수해서 손실이 있더라도 다시 고점이 온다. 고점으로 회복하는 시간을 줄이는 방법이 분할 투자다. 분할 투자를 하는 정기적으로 하는 것이 적립식 투자다.

"내가 갑자기 죽는다면 모든 자산의 90%를 꼭 S&P500 지수에 투자하라"는 버핏이 아내에게 남긴 유언은 앞서 소개한 버핏의 주식 투자 3대 키포인트를 한마디로 함축한 것이다. 우상향하는 미국 시장 지수라는 거인의 어깨에서 함께 가라는 것이다. 이는 투자에 익숙하지 않는 초보자도 잃지 않는 투자를 할 수 있어서다. 재테크에 관심을 가지기 어려운 바쁜 직장인들일수록 여기에 귀를 기울여야 한다.

ETF 03
ETF와 펀드는
어떻게 다를까?

　몇 년전 일이다. 퇴직금 운용사에서 퇴직연금 설명회를 했다. 퇴직연금 제도를 소개하면서 DB와 DC제도의 장단점 등을 말하는데 그때 그 자리의 있던 사람들 대부분이 ETF라는 단어를 그곳에서 처음 들었다. 그리고 관심을 가지면 머리가 아플 것 같아 알고 싶어하지도 않았다. 설명회에 참석 전 다들 바쁜 업무로 머릿속에는 더 이상의 정보가 들어오질 않았다. 직장인들이 재테크에 취약한 이유가 바로 이것일 것이다. 강당에서 설명회 끝나고 나오면서 그래도 ETF를 궁금해하는 동료에게 A씨는 설명해주었다.

　"그거 펀드와 같은 거야. 그리고 주식처럼 자유롭게 거래할 수 있는 거야! ETF에 대해서 더 알아보면 ETF(Exchanged Traded Fund)는 특정 지수의 성과를 추적하는 인덱스 펀드를 거래소에 상장시켜 주식처럼 거래할 수 있게 한 펀드인 거야. 그래서 상장지수 펀드라고 부르고, 인덱스 펀드와 주식 거래의 장점을 모두 갖춰서 많은 투자자들이 활용하는 혁신적인 투자 상품이라고 해."

ETF 핵심 포인트 3가지

1. 인덱스 펀드다.
- ETF는 기초지수의 성과를 추적하는 것이 목표인 인덱스 펀드다.
2. 주식처럼 거래한다.
- ETF는 분명히 펀드지만, 거래소에 상장되어 각 상품마다 종목 코드(예 : KODEX200)를 가지고 있다. 그리고 주식처럼 거래소 개장 시간 중에 MTS, HTS, 전화, 지점방문을 통해 직접 주문해서 증권계좌에서 매매할 수 있어 편리하다.
3. 신속하고 투명하다.
- ETF는 펀드의 구성 종목과 각 종목의 비중, 보유 수량, 가격 등을 실시간으로 공개한다.

인덱스 펀드와 주식의 장점을 두루 갖춘 ETF의 장점

1. 투자 성과가 명확하다.
- 추적하는 기초지수의 성과가 ETF의 1주당 가격에 반영되기 때문에 시장 전체나 특정 업종의 성과가 곧 투자 성과라고 할 수 있다. 또한, 펀드 매니저의 실수나 개별 종목이 가진 위험으로부터 상대적으로 영향을 적게 받아 시장 성과에서 소외되지 않는다.
2. 저비용 투자가 가능하다.
- 일반 주식형 펀드는 물론 일반 인덱스 펀드보다도 운용보수가 낮다. 지수를 따라가기 때문에 불필요한 주식 매매가 없어 수수료가 절약되고, ETF를 매도할 때는 일반 주식을 매도할 때 부과되는 거래세(0.3%)가 면제되어 거래비용이 낮다.

3. 소액으로도 분산 투자를 할 수 있다.

- 단 1주만 보유해도 각 ETF 상품을 구성하는 모든 종목의 성과
  를 그대로 누릴 수 있다.

4. 편리하고 투명하게 거래한다.

- 별도의 환매기간이나 환매수수료가 없고 원하는 시점에 원하는
  수량만큼 매매할 수 있다.

- 거래한 가격을 직접 확인하고 매매할 수 있다.

5. 운용 내역을 투명하게 확인할 수 있다.

- ETF의 구성 종목과 각 종목의 보유 비중, 보유 수량, 가격 등을
  실시간으로 공개한다.

- 보유한 주식들의 배당금을 현금으로 지급하며 그 내역을 거래소
  에 공시한다.

마음 편한 투자는 역시 ETF

A씨가 남들이 부러워하는 회사에 입사한 지 5년이 지났다. 아침에 출근해서 퇴근한 후에는 야근 또는 회식으로 개인적인 시간을 가져본 적도 없다. 좋다는 직장에 입사해서 인정을 받기 위해 열심히 노력했고 인정을 받지만 모인 돈은 거의 없다. 가정 형편상 결혼자금도 마련해야 했지만 다른 일을 해서 수입을 늘릴 시간적인 여유는 당연히 없었다.

주식 투자도 공부를 많이 하고 개별 분석도 해야 하니 머리가 지끈

거린다. 그리고 투자를 해서 벌 수 있다는 것도 불확실하다. 주변에 수익을 낸 사람은 거의 없고 부모님도 주식 투자는 말도 못 꺼내게 한다. 그의 아버님도 외환위기 때 큰 낭패를 본 경험이 있어서 더욱 그렇다. 학교 동기들 사이에 인기 있던 비트코인도 요즘은 시들하다.

그래서 사내 메신저로 동기들과 재테크에 대해서 자문을 구했다. 보통 CMA통장을 활용하는 것 외에는 특별히 준비하고 있는 동기들은 없었다. 동기들도 나와 마찬가지로 회사에 적응하고 인정받으려고 업무와 각종 프로젝트에 여념이 없다보니 매한가지였다. 다들 회사형 인간으로 사는 것이다.

입사 5년 차가 되니 회사에 좀 적응이 되었는지 문득 이런 생각이 든다. 지금처럼 이렇게만 생활패턴이 계속된다면 비전이 없을 것 같다. 그리고 지금 시대는 선배들 때와는 다르게 정년퇴직도 장담할 수 없다. 점심시간 구내식당에서 보는 TV뉴스에는 AI가 사람을 대체하는 시대가 곧 오고 있다는 소식이 나오고 있다.

미래 사회는 인공지능에게 지시를 내리는 계급과 인공지능의 지시를 받는 계급으로 나뉜다고 한다. 단 한 번도 인류가 경험하지 못한 시대가 온다며 인류역사상 엄청난 패러다임의 변화가 있을 것이라고 한다. 이것은 인류에게 기회일까 아니면 파멸일까?

머릿속은 회사의 미래와 인류의 미래 흐름에 심란하다. 사무실로 오니 재테크 생각만 떠오른다. 동기들과의 메신저에서 본 ETF가 갑자기 생각나서 확인해본다. 시장은 ETF로 돈이 몰린다는데 바쁜 직장인은 파생상품으로 생각하고 멀리한다고 한다. A씨는 직장인도 쉽고 편리하게 투자할 수 있는 것을 알게 되었다. ETF도 여러 종류가 있는데 초보자는 시장 전체를 따라가는 ETF에 투자하는 것이 답이었다. 유레카! 작은 금융 지식이 차이로 인생이 바뀔 수 있겠구나! 주식 투자를 망설였던 A씨는 일단은 매월 10만 원씩 적립하기로 했다. 그리고 추이를 보고서 적립금액을 올리기로 결정했다. ETF 투자를 알고 보니 자신같은 직장인에게도 너무 쉽고 마음 편한 장기 투자 방법이었다.

ETF 거래 방법은?

ETF는 상장지수 펀드로 인덱스 펀드를 거래소에 상장시켜 투자자들이 주식처럼 편리하게 거래할 수 있도록 만든 상품이라고 앞서 설명했다. 투자자들이 개별 주식을 고르는 수고를 하지 않아도 되는 펀드의 장점과 언제든지 시장에서 원하는 가격에 매매할 수 있는 주식 투자의 장점을 모두 가지고 있는 상품으로 인덱스 펀드와 주식을 합쳐놓은 것이다.

인덱스 펀드는 일반 주식형 펀드와 달리 코스피200, 나스닥100, S&P500과 같은 시장 지수의 수익률을 추종하도록 구성된 펀드다. 쉽게 말해서 주식 시장에서 거래되는 펀드라고 보면 된다.

미국 상장 ETF를 거래하는 방법은 크게 2가지다.

첫째, 미국의 시장 지수를 추종하는 국내에 상장된 ETF에 간접 투자하는 방식(국내 상장 해외 ETF)이다. 국내 상장 해외 ETF는 증권사의 국내 주식 계좌로 국내 주식 시장에서 거래할 수 있다(9시~15시 30분). 이것은 국내 주식 및 국내 ETF를 거래하는 것과 동일한 방식이다.

둘째, 해외 주식 계좌를 개설 후 직접 거래하는 해외에 상장된 ETF에 직접 투자하는 방식(해외 상장 ETF)이다. 해외 상장 ETF는 증권사의 해외 주식계좌로 해외 주식 시장에서 거래할 수 있다(한국 시간 기준 : 11시 30분~익일 6시-썸머타임 시에는 1시간 전에 개장).

ETF 04
테마 ETF에도
관심을 갖자

초급자가 아니라면 상장 지수 ETF 투자를 기본으로 하고 투자금의 일정 비율 내에서 테마 ETF에 관심을 가져볼 만하다.

국내 펀드 시장이 온통 상장지수펀드(ETF) 물결이다. 증시에서 ETF의 힘이 커진 것은 꽤 오래됐지만, 최근 국내 주가지수가 횡보를 거듭하면서 시장 전반을 추종하는 지수 ETF보다 특정 업종에 투자하는 테마 ETF에 돈이 몰리고 있다.

특히 테마 ETF, 해외 ETF의 신규 상장이 출시되어 상품 라인업이 확대돼 투자자들의 다양한 니즈를 반영하고 있다. TIGER차이나전기차SOLACTIVE, TIGER글로벌리튬&2차전지SOLACTIVE, TIGER글로벌자율주행&전기차SOLACTIVE 그리고 메타버스 ETF들은 출시하자마자 빠르게 인기를 모았다.

이들 테마 ETF는 중장기적으로 구조적인 성장이 기대되고 있다. 전기차와 2차전지는 전 세계적인 탄소중립 정책의 수혜주가 예상되고, 메타버스는 차세대 플랫폼 사업으로 세계적인 기업들에서 불붙는 경쟁에 뛰어들고 있다.

투자자들도 테마 ETF에 이미 발 빠르게 움직이고 있다. 성장성이 예상되는 ETF에 초기에 올라타려는 것이다. 초기에 투자하면 테마 ETF의 성장기에 주가가 급등할 수 있어 큰 수익을 기대하기 때문일 것이다.

이제 막 생태계를 조성해가고 있는 테마주는 수익화까지 상당 기간이 소요될 수 있다.

앞으로 유망한 종목이라고 뛰어 들었다가 이 기간을 인내할 수 없으면 손실과 마음 고생을 할 수도 있다. 엔터주는 특정 연예인의 구설수 및 신변에 따라 주가의 편차가 생기기도 한다. 테마 ETF에 돈이 몰리고 있지만 투자자들이 분명 유의해야 할 부분도 있는 것이다.

퇴직을 10년 이내 남겨둔 회사생활 25년 경력자인 A씨는 어느날 보유한 자산상태를 생각해봤다. 거주 주택 외에 지금까지 모은 돈이 1억 원이 안 된다. 갑자기 만감이 교차한다.

그는 상장지수 ETF에 적립식부터 투자를 하는 것이 노후자금으로 좋다고 이야기는 들었는데도 관심은 메타주였다. 큰돈을 만지고 싶은 마음이 간절해서다. 뉴스와 경제방송 TV 등에서도 새로운 시대, 새로운 패러다임의 변화를 주도하는 ○○으로 소개하고 한다. 투자 시 유의사항은 귀에 들리지도 않는다. 큰돈을 만들어 보자고 뛰어들었다. 평생 모은 돈의 대부분을 투자를 했지만 그가 선택한 종목은 하락을 지속하고 횡보를 거듭하게 된다. 이제 막 생태계를 조성해가는 종목이어서다. 언젠가는 크게 대박이 날 것으로 예상을 한다. 그러나 많은 사람의 심리와 상황은 그렇지 못하다.

워런 버핏은 '주식 시장은 인내심 없는 사람의 돈이 인내심 있는 사람에게 흘러가는 곳'이라고 주식 투자의 원칙을 말한 바 있다. 근시안적으로 생각하고, 쉽고 빠르게 벌 수 있는 돈만 좇는 세상에서 인내심은 그만큼 강력한 경쟁우위를 확보할 수 있는 미덕이다. 인내심 있는 사람은 주가의 급락이나 거품, 혹은 근시안적 시각을 가진 사람들이 만들어내는 기회에서 이득을 취할 수 있을 것이다. 세계의 수많은 투자 대가들이 입을 모아 인내심을 강조하는 건 어쩌면 당연한 일이다.

그러면 테마 종목에 좀 더 안전하게 투자할 수 있는 방법은 없을까?

개별주보다는 ETF 위주로 투자를 한다. 단 다른 사업 등으로 실적이 나오는 개별주는 매수 가능할 것이다. 그리고 주가 상승기보다 주가 하락기까지 기다렸다가 매수하는 방식이 훨씬 큰 수익을 줄 것이다. 우리 인류의 삶을 바꿔 놓을 테마는 결국 큰 수익을 기업에 안겨주고 이는 주가 상승으로 이어지는 것이다.

혁신 테마 ETF에 주목하자

소액으로 마음 편하게 투자하고 많이 벌고 싶으면 혁신 테마 ETF에 투자하라. 혁신 테마형 ETF에 주목하는 이유는 시장 대표 지수에 비해 더 높은 성과를 기대할 수 있기 때문이다. 미국에 상장된 테마형 ETF 총 시가총액(AUM)은 2019년 말 280억 달러(약 32조 2,000억 원)에서 2020년 말 1,040억 달러(약 119조 6,000억 원)로 270%가량 늘었다. 21년 6월 말 기준 1,430억 달러(약 163조 2,000억 원)까지 증가했다.

커지는 ETF 시장 규모

연도	순자산가치	종목수
2017	35조 6,109억 원	325
2018	41조 66억 원	413
2019	51조 7,123억 원	450
2020	52조 365억 원	468
2021	60조 2,573억 원(6월 말 기준)	485

출처 : 한국거래소

증가하는 섹터 ETF 순자산

국내 주식형	
연도	순자산가치
2019	1조 4,876억 원
2020	3조 8,776억 원
2021	7조 9,694억 원(6월 말 기준)

해외 주식형	
연도	순자산가치
2019	3,209억 원
2020	9,976억 원
2021	3조 3,498억 원(6월 말 기준)

출처 : 한국거래소

앞으로 5년 동안 가장 주목해야 할 성장산업을 알아보자. 차별화된 성장을 이룰 산업은 ARK 혁신기업 액티브 ETF, 2차전지, 메타버스 등을 꼽을 수 있다. ARK 혁신기업 액티브 ETF는 ARK Invest의 돈나무 언니(캐시우드)는 파괴적인 혁신기업에 투자하는 것으로, 과거의 재무제표는 중요시 하지 않는 투자 방식으로 유명하다. 2차전지는 2009년부터 배터리 공급이 되었으나 현재 급성장을 하고 있다.

최근 주목받는 메타버스도 ETF 투자로 많은 주목을 받고 있다. 메타버스란 가공, 추상을 의미하는 메타(Meta)와 세계를 의미하는 유니버스(Universe)를 합성한 신조어다. 가상세계와 현실이 뒤섞여 시공간의 제약이 사라진 세상을 의미한다.

글로벌 컨설팅기업 PwC에 따르면 2019년 50조 원 규모인 메타버스 관련 시장 규모는 2025년 540조 원, 2030년 1,700조 원으로 급격히 성장할 것으로 예상하고 있다.

21년 3월 메타버스 관련 대표 종목으로 꼽히는 로블록스(Roblox)가 뉴욕 증권거래소에 상장했고, 이같은 트렌드에 맞춰 메타버스 관련 종목으로 구성한 ETF 출시도 이어지고 있는 것이다. 메타버스는 중장기적으로 접근하면 매우 유망한 ETF일 것으로 보인다.

테마 ETF에 대해서 알아보자.

1. 전기차와 2차전지

요즘 전기차와 2차전지가 가장 이슈가 되고 있다. 몇 년 전만 해도 전기차는 공공기관에서나 의무적으로 구입해서 사용할 정도로 전기차를 보는 것이 힘들었다. 그러나 환경보호에 따른 정부의 보조금 지원 등 전기차 육성과 더불어 자동차 산업구조의 패러다임의 변화로 각광을 받고 있다.

2. 메타버스

메타버스는 아바타를 활용하여 게임이나 가상현실을 즐기는데 그치지
않고 실제 현실과 같은 사회·문화적 활동을 할 수 있는 특징이 있다.
메타버스 플랫폼이 대세가 되어가고 있다.

3. 구글과 아마존이 주목하는 클라우드 산업

4. 미래산업과 함께 성장하는 반도체 산업

5. 고령화 시대에 각광받는 바이오(의료, 제약) 산업

6. 원격의료 산업이 대도약을 준비하고 있다.

7. ESG(환경, 사회, 지배구조)가 중요한 투자 기준이 되고 있다.

8. 모든산업의 혁신을 이끌 인공지능과 로봇 산업 등이 있다.

테마 투자가 각광받는 가장 큰 이유는 괄목할 만한 성과를 보여왔
기 때문이다.

직장인은 상장지수 ETF 투자를 기본으로 하고 일정 부분은 테마
ETF에 관심을 갖자.

ETF 05

ETF 투자로
부의 추월차선에 오르자

근로소득만으로는 노후준비를 절대할 수 없다. 근로소득은 최소한의 시드머니를 만들기 위한 하나의 수단에 불과하다. 급여의 일부를 은행에 저축을 하는것도 하나의 돈을 모으는 방법일 수 있겠지만 은행에 저축하여서는 절대로 돈을 모을 수가 없다. 금리보다 돈의 인플레이션 법칙에 의해서 돈의 가치가 하락하기 때문이다. 그래도 안 모으는 것보다는 낫다.

직장인들이 현재 받고 있는 급여로는 1억 원을 모으기가 어려워졌다. 급여는 그대로이고 물가는 오르고 자녀 사교육비는 오르고 빠듯하다. 오히려 마이너스 통장을 유지하는 사람이 많다.

급여만으로 돈을 모을 수 없는 이유는 무엇일까? 회사에서 받는 급여보다 물가 상승률이 너무 높아서다. 매년 급여 인상율을 통제를 하고 있고 물가는 날로 오르고 있다. 급여 상승률과 물가 상승률을 비교해보면 여실히 알 수가 있다. 물가 상승률은 곧 돈의 가치가 하락하는 비율이다. 5년 전에 받았던 월급이나 지금 받고 있는 월급이나 별 차이가 없다는 사실을 알고 있는가.

우리는 돈이 있으면 좋은 세상에 문명을 만끽하고 살수 있다. 쾌적한 대형 아파트에서 살고 싶어한다. 시스템 에어콘, 세탁기, 공기청정기, 대형 TV, 로봇 청소기 등을 갖추고 말이다. 버스와 지하철로 출근을 하다가 자녀가 생기면 자동차도 더욱 필요하다. 요즘은 외국차가 유행이다. 우리는 외제차 타고 선글라스끼고 드라이브 생각을 꿈꾼다. 직장인은 매월 급여가 나오니 할부의 달콤한 유혹에 빠지기 쉽다.

여름이면 동해안으로 에버랜드로 그리고 제주도로 휴가를 가면 최고의 아빠, 엄마였다. 지금은 어떤가. 너도나도 해외여행을 간다. 해외를 나가서 다양한 문화와 아름다운 경관 등에 행복감을 느낀다. 외국여행을 가고 싶을 때는 인천 영종도 국제공항까지 가서 비행기 이륙하는 모습을 보고 오기도 하는 사람도 있다.

많은 직장인들이 직장 스트레스를 해외여행을 통해서 자기만족과 위안을 찾기도 한다. 해외여행을 여름과 겨울 두 번을 가기 위해 연봉의 대부분을 소비하는 사람도 꽤 있다.

매월 꼬박꼬박 월급받는 것에 만족하고 회사형 인간으로 적응하며 살게 된다. 그래도 이 정도 월급 받는게 어디냐 하고 생각하게 된다. 월급 내에서 비용을 쓰도록 노력을 한다. 매달 한번씩 월급이 나오니 돈을 모을 생각을 못한다. 다음 달에 또 월급이 나오면 어떻게 하면 되겠지. 월급받는 직장인은 부자의 사고방식의 회로가 없어진다. 회사에서 주어지는 먹이만 먹으면 되는 것이다.

지금 당장 ETF를 시작해야 한다. ETF 투자를 당장 오늘부터 1만 원부터 시작하는 것이 부의 추월선을 타는 것이다. "인생에서 가장 잘한 것이 ETF를 한 것이다"라고 말한 후배 직원이 있었다. 최고의 금융상품은 ETF라는 것을 체험하고서. 그는 알뜰하기로 소문이 파다했다. 포인트 적립도 알뜰살뜰하게 해서 포인트 카드가 없는 우리는 그에게 포인트 적립하라고 할 정도였다. 그는 예적금을 위해 은행별 이율과 금고별 이율을 비교하는 어플을 활용한다. 시중은행보다는 새마을금고나 신협 그리고 저축은행을 이용한다. 0.5% 정도만 이율이 좋으면 반차까지 내서 멀리까지 찾아가서 가입한다. 아니면 그 지점이 있는 지역으로 가는 방향을 휴가 지역으로 해서 휴가가는 길에 가입하기도 했다.

또한 비대면으로도 가입이 가능한 상상뱅크 등을 이용해서 전국의 금고 금리를 전부 다 확인해서 심지어는 제주도에 있는 금고의 정기예탁금을 가입할 정도였다. 우연히 가입한 재테크 카페를 통해서 ETF를 처음 접하게 되었다. ETF도 주식의 일종이므로 주식에 겁이 많은 그는 여기저기 확인 끝에 소액으로 시작했다. 그리고 만기된 정기예탁금을 거치식으로 ETF에 투자를 했다.

1년 만에 은행 이자의 몇 배 이상의 수익률이 나오는 구조를 알게 되고는 ETF에 적립식으로 투자하고 있다. 이제는 은행금리는 눈에 들어오지 않는다. 0.5% 높은 이자에 먼 지역까지 찾아갔던 생각을 하면 격세지감을 느낀다. 지금은 ETF를 늦게 알게 된 것이 후회가 된다고 한다. 하지만 지금도 절대 늦지 않다. 지독하게 예적금에 집착하던 후배가 '세상에서 제일 잘한 것이 ETF에 투자한 것'이라고 말한 것에 우리는 주목해야 한다.

최고의 금융상품 ETF는 1993년 미국의 뱅가드그룹에 의해서 만들어졌다. ETF를 처음 만든 뱅가드 창업자 존 보글(John Bogle)의 "모든 주식을 소유하라(Common Sense Investing)"라는 인덱스 펀드의 개념을 처음 만들어냈다. 보글이 인덱스 펀드를 만든 주인공이고 그의 회사 뱅가드(Vanguard)에서 이를 운용한다.

그럼 인덱스 펀드란 무엇일까? 인덱스 펀드는 펀드 매니저의 개인적인 판단이 아닌 지수를 추종하는 펀드를 말한다. 그리고 지수는 S&P500, 다우지수, 나스닥지수 등이 있다. 특히 보글이 말하는 지수는 S&P500을 의미하는데 그 이유는 미국 시장 전체 주가지수와 유사하기 때문이다.

S&P500은 신용평가회사(Standard & Poor's)에서 만든 지수로 500개의 대표종목을 뽑아 코스피지수와 같은 방식인 시가 총액법으로 산정한 지수다.

S&P500에는 포함되는 기업은 기업 크기보다는 성장성을 중시하는데 기업의 20%가량은 첨단산업 관련 기업이다.

나스닥은 미국 나스닥 시장 상장종목 중 시가총액이 크고 거래량이 많은 100개 비금융업종 대표기업으로 이루어진 지수를 나스닥100 지수라 한다. 미국의 다우존스사가 가장 신용있고 안정된 주식 30개를 표본으로 시장가격을 평균 산출하는 세계적인 주가지수다. 우량 30개 기업의 주식 종목으로 구성하기 때문에 많은 기업들의 가치를 대표할 수 있는지에 대한 의문이 있다. 또한, 시가총액이 아닌 주가 평균방식으로 계산되기 때문에 지수가 왜곡될 수 있다는 문제점도 가지고 있다. 하지만 미국의 증권 시장 동향과 시세를 알 수 있는 대표적인 주가지수이기 때문에 많은 나라가 다우지수에 관심을 갖고 또 영향을 받고 있다.

가장 쉽고 편한 재테크 ETF

ETF는 'Exchange Trade Fund'의 약자로 상장지수 펀드라고 한다. 펀드기는 펀드지만 상장된 주식처럼 언제든지 필요할 때 매매를 할 수 있도록 만든 상장된 펀드인 셈이다.

즉, ETF는 기초지수의 성과를 추적하는 것이 목표인 인덱스 펀드로, 거래소에 상장되어 있어서 개별 주식과 마찬가지로 기존의 주식계좌를 통해 거래를 할 수 있다. 기존의 일반 펀드와는 달리 주식처럼 매매가 가능한 것이 펀드의 장점은 살리면서 투자를 쉽게 할 수 있다. 소액으로 S&P500에 투자해서 미국 500대 기업을 소유할 수 있는 것이다.

ETF 상품 종류

① 섹터 ETF : 지수 투자보다 변동성은 크지만 위험을 분산할 수

있다.

② 인버스 ETF : 코스피지수가 떨어지면 이익을 얻고, 오르면 손해를 보는 상품

③ 해외 ETF : 미국, 유럽 등 국가에 투자하는 상품

④ 지수 ETF : 대표적인 기업에 투자하는 대표적인 ETF 상품

이중 시장 지수 추종 ETF는 우상향하므로 가장 쉽고 마음 편한 투자를 할 수 있다.

ETF 06
왜 배당 투자를
해야 할까?

직장인은 매일 다람쥐 쳇바퀴 돌듯 아침에 출근해서 저녁이나 밤 늦게 퇴근한다. 지친 몸으로 집에 오면 자기 계발이나 투자에 신경 쓸 마음의 여유와 의욕도 잃고 살아가는 경우가 많다. 급여를 매월 받고 사니 이만하면 평범하게 잘 살고 있다고 생각하게 된다.

월급받은 지 한참 지난 것 같아서 달력을 보면 2주 정도밖에 안 되었다. 그리고는 월급날을 손꼽아 기다린다. 이것이 삶이라고 생각한다. '우물 안의 개구리'나 '뜨거운 물 속 개구리의 위기'로 살아가는 것이다.

사실 월급만으로 살아가기가 힘들고 부자가 될 수 없다. 이런 사고방식을 깨고 나온 A씨는 약 10년 전부터 삼성전자에 적립식으로 매월 투자를 했다. 정년퇴직 이후까지 장기 투자를 생각하고 있으며 자녀에게 증여해줄 계획도 있다.

지금은 주가도 많이 올라 그 수익도 어마어마하다. 삼성전자 배당

수익률은 2018년 3.6%, 2019년 2.54%, 2020년 3.88%다. 이는 예금 이자보다도 많다. 그런데 배당금 이외에도 주식이 오르면 상승한 금액만큼 내 자산도 늘어나게 된다. 2021년에는 주가가 횡보를 하고 있지만 결국은 장기적으로 우상향한다. 주가도 사계절이 있는 것이다.

"주가 변동을 적으로 보지 말고 친구로 보라. 어리석음에 동참하지 말고 오히려 그것을 이용해서 이익을 내라"라는 워런 버핏의 말을 기억하라.

장기적으로 우상향하는 큰 흐름은 변하지 않는 것이다. 단기적 변동으로 주가가 떨어져 하락하는 시기는 항상 있는 것이다. 인간은 무서움을 느끼면 본능적으로 피하려고 하는 것이 있다. 여기서 우리는 투자에 대한 자신만의 철학과 소신이 있어야 한다. 주가가 떨어져 하락하는 시기에는 저가 매수의 기회라고 생각하고 매수하면 된다.

A씨는 미국 시장 지수와 월배당 ETF에도 투자해서 3번의 월급을 받았다. 첫 번째는 본인이 근무하는 회사에서 받고 두 번째로는 삼성그룹에서 받고 세 번째로는 미국의 300대 초우량 기업으로부터 월급을 받고 있다. 기축통화며 안전자산인 달러로 월급을 받는 재미도 쏠쏠하다. 배당금을 재투자하는 사람들도 많지만 그는 배당금을 모두 수령했다. 또 하나의 월급으로 받으면서 투자에 대한 보상을 갖고자 했던 것이다. 여기서 배당금이라고 표현했지만 ETF에서는 배당금을 분배금이라고 함을 알아두자.

직장인들은 배당 투자를 통해서 월급을 한번 더 받을 수 있다. 그리고 주가 상승에 의한 수익으로 부자가 되는 열차에 탈 수 있다. 돈이 있고 없고를 떠나서 급여에서 일정 부분을 무조건 할애하여 지금 당장 시작해야 한다. 소비는 지출만 하는 것이 아니다. 즉 소비에는 지출과 투자가 있는 것이다. 이는 직장인이 투잡스를 하는 것보다 엄청난 부를 가져다줄 것이다. 자본소득이 노동소득을 앞지른 지 오래되었음을 자각하자.

왜 배당 투자를 해야 할까?

흔히들 주식 투자를 한다고 하면 쌀 때 사고 비쌀 때 팔아서 수익을 내는 것으로 알고 있다. 그러나 이런 매수매도의 방법은 1차원적인 투자 방식이고, 주식으로 투자할 수 있는 방법은 그 이외에도 많다.

대표적으로 배당주에 투자해서 '현금흐름'을 만들어내는 전략이 바로 배당주 투자 전략이다. 이는 시세차익 이외에 꾸준한 현금 흐름을 만들어내고자 하는 투자자에게 적합하다.

이는 정년퇴직 후에도 현금 흐름을 만들어 정년 없는 평생 현역을 원한다면 유용하다. 즉, 배당 투자 전략은 은퇴자에게 필수 불가결한 투자 전략으로 보인다.

월급쟁이에서 월급을 한번 더 받으려는 사람들에게도 좋은 방법이다. 직장인은 급여로 최소한의 생활을 하며 여기에 길들여진다. 회사는 당신이 부자가 되는 것을 원하지 않으므로 어느 이상으로 급여를 주지 않는다.

직장인들은 투잡을 할 여력조차 없다. 당장 지친 몸을 이끌고 퇴근을 하고 휴일이면 일주일의 피곤함과 긴장 속에서 벗어나서 잠만 자는 경우가 많다.

그러고도 월요일이면 더 피곤하다. 이러한 상황이니 또 하나의 근로소득은 엄두도 못낸다. 그러므로 직장인에게 특히 ETF 배당 투자는 손쉽고 적합한 투자가 될 수 있다.

배당 투자는 배당을 받아 더 빠르게 종잣돈 모을 수 있는 특성이 있다. 배당금 재투자는 마법의 복리효과를 얻을 수 있다. 따라서 시간의 힘이 더해질수록 자산은 빠르고 어마어마하게 많은 돈을 모을 수가 있다. 그래서 많은 사람들이 배당주 투자를 위해서 어떤 종목이 좋을까 고민을 한다. 배당킹, 배당귀족, 배당 챔피언 등은 몇십년간 배당금을 증가시킨 기업으로서 매력적이다. 그러나 초보자에게는 배당 ETF를 추천한다.

"당신이 잠자는 동안에도 돈이 들어오는 방법을 찾아내지 못한다면 당신은 죽을 때까지 일을 해야만 할 것이다." 워런 버핏의 명언이다. 즉, 내가 노동력을 투입하지 않고서도 알아서 돈이 들어오는 구조를 만들어야 한다는 것이다.

돈이 들어오는 대표적인 구조는 우리가 생각하고 있는 배당금이다. 배당금은 우리가 주식을 보유함으로써 우리의 노동력이 투입되지 않고서도 돈을 벌어오는 대표적인 패시브 인컴인 것이다. 배당 투자로 우리는 잠을 자는 동안에도 노동력을 투입한 효과로 경제적 자유를 얻을 수 있는 것이다.

　배당금이란 개념은 세상에서 아주 매력적인 것이다. 주식을 통한 시세차익은 매수와 매도를 통해서만 확정 수익을 얻을수 있다. 그러나 배당금은 월 또는 분기별로 확정 수익을 준다.

　직장인의 로망인 FIRE(Financial Independence, Retire Early)족은 금융 투자를 통한 경제적 자유 달성과 조기 은퇴가 핵심이다. 그리고 이를 달성하는 데 있어 현금흐름을 만들 수 있는 주주 친화적인 미국 배당주는 가장 훌륭한 투자로 활용되고 있다. 배당 투자를 통해서 당신은 죽을 때까지 일을 하지 않아도 되고 경제적 자유를 얻을 수 있다.

A&T 주가변동—배당삭감 전후 　　(2021.05.17)

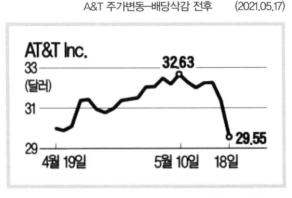

출처 : 네이버 뉴스

배당 투자 시 유의할 사항?

1. 너무 높은 배당수익률을 경계한다.

－ '배당귀족' AT&T가 21년 5월 17일 배당 삭감을 발표했다. 자회

사 워너미디어와 케이블TV 사업자 디스커버리를 통합하면서 재무구조 개선에 나선 영향이다. 배당 삭감 기사 후 주가는 15% 수준(29.55$) 급락했다. 국내 대표 배당주 메리츠화재는 배당 삭감 기사 후 주가 20% 급락했다. 당시 배당 수익률은 AT&T는 7.03%, 메리츠화재는 8.77% 수준이었다.

2. 배당률이 갑자기 높아진 경우 원인을 파악해야 한다.
— 고배당주 투자 시 주의할 점은 배당률이 과거에 비해 갑자기 높아진 경우 기업이 배당금을 실제로 올려준 것이 아니라 상대적으로 주가가 하락해서 배당 수익률이 높게 나타난 것을 의미한다. 따라서 배당 수익률만 파악할것이 아니라 주가 하락의 원인을 알아보고 투자해야 한다.

3. 배당 성향이 100% 이상 높은 경우에는 확인하라.
— 기업청산을 목적으로 악의적으로 배당금을 높게 책정해서 오너와 지주사가 회사의 현금을 빼가려는지 확인이 필요하다.

4. 배당률 5% 이상의 기업은 향후 매출, 영업이익 및 성장률 파악하라.
— 매출과 영업이익이 성장하지 않는 회사의 주가는 하회할 가능성이 있다.

ETF 07
배당에 관한 용어
쉽게 알아보기

배당(dividend, 配當)의 사전적 의미는 주식을 가지고 있는 사람들에게 그 소유 지분에 따라 기업이 이윤을 분배하는 것이다. 기업 즉 회사는 영업활동을 통해 이익이 일어나고 그 이익을 주주에게 배분하는 게 원칙이다. 이것을 이윤배당이라고 한다.

이윤배당을 극대화하는 것이 주식회사의 목적이고, 이 배당에 참여할 수 있는 권리는 주주에게만 있다. 그러므로 이윤배당은 주주총회의 중요한 의결사항이다.

배당은 영업연도를 기준으로 한다. 다시 말하면, 회사는 결산을 할 때마다 영업보고서, 재무제표, 감사보고서 등을 정기 주주총회에서 승인받아야 한다. 배당금은 정기 주주총회나 이사회에서 지급 시기를 따로 정한 경우를 제외하고는 주주총회 승인 뒤 1개월 안에 지급하여야 하며, 배당금에 대한 지급청구권의 소멸시효는 5년으로 정해져 있다(상법 464조의 2).

내가 배당을 처음 접하게 된 것은 의정부중학교 시절이다. 학교매점 운영 방식을 학교 선생님과 재학생들이 주주가 되어 주식에 투자하는 방식으로 개정했다. 학생 개인의 투자 여부는 자율적이었다. 매주 어머님이 일주일마다 학생수첩에 몰래 1백 원짜리 지폐를 껴놓는다는 것을 알고는 용돈 전부를 매점에 투자금으로 납부했다. 다른 학생들은 병에 든 고소한 우유, 우동 국물, 도넛 등을 사먹느라고 쉬는 시간이나 점심시간이면 매점이 북적인다.

중학생인 필자도 매점이 지상의 천국이었지만 주주가 되어서는 그림의 떡이 되었다. 그러나 나는 매점 음료가 아닌 매점 주식을 산다. 요즘 스타벅스 커피 대신 스타벅스 주식을 사는 것처럼 말이다. 졸업 전 12월 경에 배당금을 받았다. 그렇게 큰돈을 만져본 것은 처음이다. 집에서도 황소 팔아서 목돈 생긴 것만큼 좋았다. 그때 주식의 힘을 알게 되었고 학교에서도 주식의 개념을 학생들에게 실제 체험을 하게하려 했다는 말이 기억난다.

필자는 그때 주식과 은행이율을 생각해보게 되었다. 중앙초등학교(구 양주초등학교) 때 우체국(나중에는 농협으로 바뀜)에 예금이 장려되던 시기여서 자율적, 타율적으로 몇푼이라도 저축을 했었다. 학급별로 저축실적이 나왔던 것 같다.

나는 주전부리를 잘안했다. 배고프면 학교 펌프에서 또는 우리집의 우물에서 한 바가지 떠올려서 먹으면 되었다. 하굣길에 산딸기, 밤, 무 등을 따먹고 매일 만나게 되는 미군들한테 초콜렛, 껌 등을 얻어먹던 일이 까마득한 옛날이야기가 되어버렸다.

6학년 말에 6년간 모은 돈이 이자와 합해서 6천 원 정도를 받았다. 학교에서도 10번째 이내로 많이 받은 것으로 기억한다. 때는 1970년 겨울이었으니 지금은 돈의 인플레이션으로 6천만 원도 넘는 큰돈이라 생각된다. 그리고 이율이 10%가 훨씬 넘는 시대다. 은행에 예금하면 시장 뒷 켠에서 에서 야채, 과일 팔아서 부자로 될 수 있었다. 그 당시 은행 이율이 엄청났을 때인데도 학교매점 주식 3년 입금(투자)로 배당 받은 것이 더 많았던 것이다. 지금은 2% 정도의 저금리 시대이니 어디에 투자해야 하는 것인지 명확해진다.

쉽게 알아보는 배당 관련 기본용어

주당 배당금은 투자자가 보유한 주식 1주당 받을 수 있는 배당금을 말한다.

주당 배당금 = 1주당 받을 수 있는 배당금

배당 수익률은 1년동안 지급된 배당금을 주가로 나눈 것이다. 배당 수익률의 10개년간의 흐름을 보면 주가의 고평가, 저평가 여부를 추정할 수 있다.

$$배당률 = \frac{주당배당금}{액면가}$$

기업은 영업이익을 재투자 및 배당 형태로 사용한다. 영업이익이 1만 원이고 배당금이 3천 원이면 배당 성향은 30%이다. 영업이익이 크게 증가하지 않으면서 배당성향이 갑자기 줄어들면 배당금이 줄어들 수 있다.

즉, 배당성향은 기업이 1년 동안 벌어들인 이익(당기순이익)에서 얼마나 많은 금액을 배당금으로 지급하는지를 나타내는 지표이다. 배당성향은 배당금 총액을 당기순이익으로 나눈 것이다. 일반적으로 배당성향이 75~80%를 넘지 않는 기업에 투자하는 것을 권고하고 있다. 성장기에 가까울수록 배당성향이 낮고 성숙기에 가까울수록 배당성향이 높은 경향이 있다.

$$배당성향 = \frac{배당금총액}{당기순이익}$$

배당락이란 배당금을 받을 권리가 사라지는 것을 말한다. 배당락일에는 일반적으로 주가가 하락하는 경향이 있다. 28일 날 기준 주식을 보유하고 있으면 배당금을 받을 수 있으며, 29일부터 언제든지 매도해도 배당금을 받을 수 있는 권리는 사라지지 않는다.

배당을 받을 권리는 상장기업의 당해연도 사업이 끝나는 날을 기준으로 주식을 보유하고 있는 주주에게 부여된다. 그런데 우리나라는 결제일을 3일 결제로 정하고 있다. 그래서 배당락일은 12월 주식 시장 마지막 거래일 전일이 된다.

배당락 = 배당기준일이 지나 배당금을 받을 수 없는 상태

쉽게 알아보는 미국 배당주 용어

미국에도 성장주, 가치주, 배당주가 있지만 ETF가 아닌 개별 종목의 경우에는 그중에서 특히 배당주를 선호한다. 미국 배당주를 선호하는 이유는 기축통화인 달러를 갖고 있는 미국 시장의 힘과 특히 주주 친화적인 배당정책을 갖고 있어서다.

1. 배당킹(Dividend King) : 미국 상장 주식에서 50년 이상 연속으로 배당금을 증가시킨 기업 약 33개 기업을 말한다.
2. 배당귀족(Dividend Aristocrats) : 미국 상장 주식에서 25년 이상 연속으로 배당금을 증가시킨 기업으로서 다음의 4개 조건을 갖춘 약 65개 기업을 말한다.
   첫째, S&P500에 포함된 주식
   둘째, 25년간 연속 배당금 증가
   셋째, 시가총액 30억 달러 이상(3조 3,500억 원)으로 국내 기업 시가 총액 상위 100위 수준
   넷째, 3개월 평균 거래대금 500만 달러 이상
3. 배당챔피언(Dividend Champion) : 미국 상장 주식에서 25년 이상 연속으로 배당금을 증가시킨 기업 약 141개 기업을 말한다.
4. 배당컨텐더(Dividend Contender) : 미국 상장 주식에서 10년 이상 연속으로 배당금을증가시킨 기업 약 331개 기업을 말한다.

ETF 08
미국 우량 배당 ETF 알아보기

미국 시장에 투자해야 하는 이유는 무엇일까? 첫째, 미국 기업의 브랜드 가치와 미국 기업의 투명성 때문이다. 2021년도 세계 10대 브랜드 가치에서 미국 기업이 7개를 차지했다. 우리나라 기업으로는 삼성이 1,026억 달러로 마이크로소프트에 이어 5위에 올랐다.

브랜드파이낸스 글로벌 500

출처 : 브랜드파이낸스

둘째, 기축통화인 달러 보유국가이기 때문이다. 거의 모든 원자재와 상품은 달러로 통용된다. 특히 금융위기 등이 왔을 때 안전자산의 역할을 한다. IMF 때 달러환율은 1,960원까지 치솟았다. 2008년 미국의 금융위기 때는 1,540원까지 상승했으며 이번 코로나 사태 때 환율은 1달러당 거의 1,300원까지 상승했다. 모두가 안전자산인 달러를 찾기 때문이다. 위기가 오면 달러환율이 오르고 사실은 미국 주식을 보유하고 있는 투자자에게 매우 중요하다. 주가가 하락하더라도 환율이 오르면 전체적으로 손실을 만회할 수 있는 쿠션 효과도 있다.

셋째, 미국 기업들은 매우 주주 친화적이다. 배당(주주가 주식회사에 투자한 금액에 대한 분배)을 통해서 우리는 투자자들에 대한 기업의 태도를 확인할 수 있는데 미국 S&P 500 기업 기준으로 보았을 때 한국 기업들 대비 매우 높은 배당률을 보여준다. 한국의 대다수 기업과는 달리 분기 단위로 배당을 하고 월 단위로 배당을 하는 기업들도 수두룩하다. 배당이 높다고 해서 우량기업이 아닐수도 있다. 따라서 투자자들은 무조건 배당이 높은 기업이 꼭 우량기업이 아닐 수도 있다는 점을 유의해야 한다.

내가 좋아하는 기업과 브랜드를 만드는 우량회사에 투자하고 뉴스와 리포트를 관심있게 파악하고 분기별 실적성장 등 재무제표를 확인하며 투자해야 한다.

넷째, 미국경제가 세계경제를 좌우한다. 기축통화인 달러를 누가 찍어 낼까? 바로 미국의 중앙은행인 연방준비제도(FED)에서 발행하고 있다.

미국은 직접 달러를 발행할 수 있어 언제든 자본을 조달할 수 있고, 가치가 높아 보유하고자 하는 국가와 개인 그리고 많은 기관들이 있어 가치가 한순간에 떨어지지 않고 유지를 할 수 있다. 바로 미국의 막강한 금융시스템이 세계경제에 영향을 미치고 있다.

우리나라 주식 시장은 가치가 아닌 외국인과 기관의 수급 등에 따라 변동성이 심하고 주가 횡보시 상승하는 힘이 약하다.

미국은 내수 시장 규모가 크고 대부분의 근로 소득자들이 퇴직계좌에서 주식상품에 투자하고 있어 주식 시장에 돈이 몰려있다. 즉, 미국 가구 전체 금융자산의 41%가 주식이라고 한다. 그리고 산업혁명을 주도하는 혁신기업과 막강한 군사력으로 각종의 리스크에 강하다. 미국에 투자하는 것이 안정적인 투자를 할 수 있는 방법인 것이다.

배당 성장 ETF 선택기준

배당과 성장을 동시에 잡는다. 배당 성장 ETF의 선택 기준은 배당 안전성 또는 성장성을 고려할 수 있다.

1. 배당 안정성 고려 시
- 중형주, 소형주보다는 대형주 위주로 투자
- 과거 배당금 이력을 확인
- 성장주 보다는 가치주 위주 투자

- 경기에 민감하게 변동하지 않는 섹터 위주로 투자

- 방어소비재, 유틸리티, 금융 섹터 위주

2. 성장성 고려 시

- 대형, 중형주 및 소형주를 골고루 투자

- 가치주보다 성장주 위주 투자

- 성장성이 높은 정보기술, 순환소비재, 헬스케어 섹터 위주 투자

대표적인 배당성장 ETF

티 커	특징	설정일	운용자산 ($)	운용 보수	배당 수익률	배당성장 (5년)
VIG	배당성장 (10년 연속)	2006.4.21	45.38B	0.06%	1.96	6%
DGRO	배당성장 (5년 연속/배당성향 75% 이하)	2014.6.10	1.31B	0.08%	2.47	29%
NOBL	배당성장 (25년 연속)	2013.10.9	6.06B	0.35%	2.18	12%
VGT	정보기술 (성장주)	2004.1.26	35.31B	0.10%	0.99	18%

출처 : 키움증권

미국 우량 배당 ETF

미국 ETF는 주식 투자를 처음 시작하거나 업무에 바쁜 직장인 그리고 변동성이 큰 투자를 피하고 개별 투자 종목을 선별하는 것이 부담스러운 사람들에게 좋다.

미국 우량 배당 ETF 선별

1. 배당 수익률이 S&P500 지수 ETF보다 높은 ETF

2. 시가총액과 거래대금이 큰 순서의 ETF

3. 이 외에 미국 배당 ETF로 자주 거론되는 ETF를 포함시킨다.

※ www.ETF.com 사이트 등 활용

대표적인 우량 배당 ETF

1. 월 배당 ETF : DIA, DGRW, PEY, SPHD, SPLV

2. 분기 배당 ETF : DGRO, VIG, VYM, SCHD, NOBL, SPYD

※ ETF별로 투자 섹터 비율이 다르므로 투자 시 섹터의 비중을 고
  려하는 것도 좋다.

참고사항

1. 포트폴리오 안정성 추구

– 통신서비스, 에너지 섹터의 비중을 낮게 한다.

– 나스닥100과 S&P500 기투자 시 부족한 섹터를 보완한다.(헬스케
  어, 산업재, 금융, 방어소비재, 유틸리티, 기초소재 등 보완)

– 대표 ETF : SPLV, VIG, VYM

2. 배당 성장성 추구

– 정보기술, 헬스케어 위주 및 순환소비재 섹터

– 성장주에 대한 투자 비중을 높임

– 대표 ETF : DGRO, DGRW

ETF

3장

투자에도
전략이 있다

ETF 01
투자에도 전략이 있다

주식을 하지 않더라도 시사 및 경제 관련 주제에 관심 있는 사람 중에 워런 버핏을 모르는 사람이 없을 것이다. 월스트리트에서 주식 투자를 통해 전 재산을 번 억만장자는 버핏 이외에는 아무도 없다. 그를 벤치마킹하는 것은 억만장자로 가는 길이다.

약세장, 혹은 강세장에서 어떻게 좋은 종목을 찾아내는지, 또 어떻게 하면 주식 시장에서 지속적인 이익을 내고, 또 손실을 보지 않는지 '워런 버핏의 가치 투자 전략'을 알아보도록 하자.

1. 현재의 주가가 합당한지 판단하라.
2. 기업의 내재가치를 보고 매매하라.
3. 7할 5푼의 타율 고수익을 올릴 기회를 기다려라.
- 타자는 타석에서 매번 스윙할 필요는 없다. 그 어떤 훌륭한 타자도 타석에 오를 때마다 안타와 홈런을 칠 수는 없다. 주식 투자 역시 마찬가지다. 자신이 칠 수 있는 공과 자신이 칠 수 없는 공

을 구분할 줄 알아야 한다. 그리고 자신이 칠 수 있는 확률이 높은 공을 골라 스윙해야 한다. 그것이 주식 투자의 성공률을 높이는 비결이다.

주식 투자로 큰 손실을 입는 사람들은 매번 타석에 오르려 한다. 또 매번 모든 공에 스윙을 해버린다. 그들에게 자신이 칠 수 있는 공인지, 칠 수 없는 공인지는 중요하게 생각하지 않는 것이다. 그저 공은 쳐야 하는 존재고, 그들은 타석에 있으며, 홈런을 치는 경우만을 생각하며 스윙을 한다.

4. 기회비용은 미래의 부를 갉아먹는 오늘의 소비다.

- 버핏은 불필요한 소비를 줄여서 주식으로 주식을 얻는 것과 같은 효과가 있다고 말한다. 불필요한 소비를 연간 5% 줄이는 게 쉬울까, 주식 투자로 5%의 수익을 올리는 것이 쉬울까? 답은 간단할 것이다. 또 한 그 5%의 돈이 복리를 누리게 된다면 그 5%는 엄청나게 다른 결과를 만들게 될 것이다.

버핏이 말하는 것은 미래를 위해 현재의 즐거움을 포기하고 절약하라는 뜻이 아니다. 현재의 100달러는 미래에는 1,000달러가, 100만 달러가 될 수 있다. 불필요한 소비로 인해 그 기회를 탕진하지 말라는 것이다.

5. 늘 한결같은 기업에 투자하라.

- 주식 투자를 할 때 스스로에게 질문을 해보자. 지나친 욕심을 부리고 있지는 않은가? 그리고, 나는 그만한 실력이 있는가? 나는

미래를 내다보는 안목을 가지고 있는가? 나는 미래를 예측할 수 있는 신적인 초능력을 가지고 있는가? 그렇지 않다면 늘 한결같은 기업에 투자를 하는 것이 나에게 안정적인 수익을 안겨줄 것이다. 한 예로 코카콜라는 콜라를 팔면서 100년 이상 동일한 사업을 영위해 왔다. 아마 앞으로도 코카 콜라의 핵심 전략은 바뀌지 않을 것이다. 10년 동안 눈을 감았다가 떠도 코카콜라는 지금의 사업을 그대로 지속하고 있을 것이다.

코카콜라 기업이 변할 것이 있다면 매출과 이익의 확대 정도일 것이다. 10년을 보유할 기업이 아니면 10분도 보유하지 말라는 그의 명언으로 주식 투자 전략 방법을 요약·정리할 수 있겠다.

6. 매수 후에는 보유 전략으로 수익률을 높여라.
- 자주 사고팔면 결국에는 손해를 보게 된다. 마법의 복리 효과를 누려라. 주가는 반드시 기업의 내재가치에 회귀한다. 장부 가치가 높은 기업, 투자 가치가 높은 기업의 주식을 합리적인 주가에 매수해서 오래 보유하라. 보유 기간이 길수록 복리는 눈덩이처럼 불어 나게 되어 당신의 자산규모를 엄청나게 키워줄 것이다.

투자에 있어서 전형적이고 교과서적이며 바이블적인 투자 전략이다. 투자하면서 흔들리는 마음을 다잡기 위해서 가끔씩 되새겨 보면 도움이 될 것이다.

주식에 대한 원칙을 지켜라

날씨도 매일 맑지만은 않다. 만물이 소생하고 맑은가 싶더니 흐리고 비바람이 몰아친다. 비가 언제 멈추나 하는데 태풍이 몰려온다. 청정한 가을 날씨가 오더니 강추위와 폭설이 내린다. 주식 투자를 하다 보면 만물이 그러하듯 봄, 여름, 가을, 겨울이 있다. 따져보니 좋은 날씨보다는 안 좋은 날씨가 더 많은 것 같다. 주식 시장도 그렇다.

일년의 기간을 보았을 때 하락과 횡보의 기간은 11개월이고 맑은 날은 한 달 정도다. 사람들은 장기 투자한다 하면서도 주가가 하락하면 몇 달을 못 견딘다.

A씨는 직장 생활하며 얼마간 모아온 목돈이 있었다. 술과 사람을 좋아하는 그가 그래도 몇천만 원을 모은 것이다. 직장생활 몇십 년을 허송세월했다는 생각과 노후준비에는 턱없이 못 미친다는 것을 자각하고 투자를 시작했다.

누가 주식 투자로 많은 돈을 벌었다는 이야기를 들었다. 차마 종목 추천을 해달라는 이야기는 하지도 못했다. 마흔 후반이 되니 새벽잠이 없어져서 아침이면 따분했는데 증권방송의 주식 투자 프로그램을 즐겨보게 되었다.

방송과 유튜브 등에서 좋다고 하는 종목을 매수를 했다. 처음 몇 주간은 이익이 꽤 나는가 싶더니 이내 손해가 말이 아니다. 퇴직 때까지 장기 투자하며 배당금을 받으려는 꿈은 허물어지기 시작한다.

매수한 두 종목 모두 주가가 하락과 더불어 횡보를 계속하고 상승할 기미가 안 보인다. 이쯤되니 크게 벌어보고 싶다! 주식 수가 깡패라고 하지 않았나. 그는 모은 돈 거의 전부를 투자했다. 그러나 이것도 분할매수를 하지 않아 화근이 되었다. 주가가 더 하락하게 되면 더 많은 돈을 잃게 될 것 같아 큰 손실을 보고 모두 매도를 했다.

두 종목 모두 전량 매도하고 손실 후 일부 남은 예수금은 또다시 다른 주식에 투자했다. 그리고 며칠 후에는 뉴스와 방송에서 말하는 요즘 한창 잘나가는 주식에 투자하고 이제는 돈 좀 벌겠다 생각했다. 그런데 한창 오르고 행운 같은 주식이 또 곤두박질쳤다. 이번에도 또 손절하고 말았다.

하늘이 깜깜해졌다. 집에서는 돈 문제로 잦은 부부싸움으로 이혼하자는 이야기까지 나왔다. 그런데 앞서 큰 손실보고 매도했던 두 종목이 어느 날 상한가로 상승했다. '매도하지 말고 보유하고 있을 걸' 하고 후회할 때는 이미 한참 늦은 것이다.

그리고 지금은 약간의 돈으로 급등주라는 것을 받아서 아침 9시 개장 시에 매수하고 30분 이내에 이익을 보고 매도했다. 이것도 몇 번은 하루 10만 원 전후로 재미를 보다가 나중에는 손실을 보게 되었다.

주식 투자하면서 투자의 원칙을 갖고 있는 사람이 많지가 않다. 나름 원칙이 있어도 그것을 제대로 지키는 사람도 많지가 않은 것이다. 많은 사람들이 주식에 대한 투자 원칙 없이 뉴스에서 좋다는 종목 매수를 한다. 따라서 오를 때 사고 내리면 팔게 되는 것이다.

필자의 주식 투자 원칙 십계명을 정리해본다.

1. 시장 지수 추종 ETF 위주로 투자한다.
2. 분할매수&분할매도한다.
3. 주식의 가격조정과 기간 조정을 이용하라.
4. 변동성이 클 때 그것을 활용하라.
5. 떨어지는 칼날을 잡지 말라.
6. 현금 30%를 보유한다.
7. 여유자금으로 투자하라.
8. 재무제표 분석 후 투자하라.
9. 영업이익 모멘텀을 확인한다.
10. 이 원칙을 끝까지 지킨다.

두려움과 탐욕이 필자를 지배할 때마다 십계명을 읽는다. 수첩이나 스마트폰에 저장해두는 것도 좋은 방법이다. 그러면 사람인지라 원칙을 지키지 못하고 길에서 벗어나더라도 다시 길로 돌아올 수 있다. 주식 투자를 하면서 원칙을 지키는 것이 쉽지는 않다.

그러나 이 원칙을 지켜야만 패가망신하지 않고 돈을 지키고 부자가될 수 있다는 신념과 확신이 있어야 한다. 이 원칙은 당신을 부의 열차를 탈 수 있는 티켓이다.

ETF 02
수수료와 세금을
알아야 한다

　많은 사람들이 ETF를 거래할 때에는 수수료 또는 세금이 없거나 싸다고 알고 있다. 반은 맞고 반은 틀린 이야기다. 수수료와 세금의 개념을 많이 헷갈려서 혼용하고 있는데 간단히 구분하면 수수료는 증권사에서 가져가는 것이고, 세금은 국가나 지자체에서 가져가는 것이다.

　'수수료'는 국가나 공공 단체 또는 공공기관이 특정한 사람을 위해 행하는 공적인 역무에 　그 보상으로 징수하는 요금이다. 주식 투자에 있어서 증권사는 수수료를 징수하는 기관이며 거래자는 매매할 때 수수료를 지불한다.

　'세금'은 국가나 지방자치단체가 필요한 경비로 사용하기 위해서 법률에 의거해 국민으로부터 강제로 거두는 금전 또는 재화를 말한다. 순우리말로는 구실이라고 한다. 한자로는 稅金이라고 쓰는데 의미를 살펴보자면 뜻을 나타내는 벼화(禾☞곡식) 부분과 음(音)을 나타내는 兑(태)가 합해 이루어진 단어로, 과거에 농민이 수확(收穫)한 것 중에서 자유로이 쓸 수 있는 몫을 떼어 버린 나머지를 관청에 바치는 것에서 유래했다고 한다.

즉, 국가가 국정을 운영하는 데 필요한 자금(재정)을 마련하기 위해 반대급부 없이 국민으로부터 강제로 징수하는 것을 말한다.

주식매매에 있어서 세금은 크게 3가지다. ① 증권거래세 ② 양도소득세 ③ 농어촌특별세로서 주식 매도 시에 발생한다. 세금 비율은 매도자금의 규모와 시장별, 증권사별, 금융상품별로 각기 다르다. 주식 역시 금융소득을 기반으로 만들어지는 소득이므로 소득에는 늘 세금이 붙기 마련이다.

주식 투자에 있어서 수수료와 세금은 주식을 매수(수수료)하고 매도(수수료+세금)하는 과정에서 발생한다. 납부의 의무를 다하는 것이지만 수수료를 감면하고 절세하는 것은 투자자의 권리다. 법을 모르면 법의 보호를 받을 수 없다.

증권거래세는 말 그대로 주식을 사고 팔 때 내는 세금이다. 주식 매매 시 세금을 내는 것이다. 우리나라는 매도할 때 세금을 낸다. 주식 매수 시 세금은 따로 내지 않는다. 주식은 매도 시 세금이 나간다고 알면 된다. 주식을 살 때는 안 내다가 주식을 팔 때 세금을 낸다. 주식을 매매할 때 수수료와 매매대금이 이미 결정되어서 반영이 되는 것이다. 이 부분은 일단 내지 않으나 매도 시 낸다고 보면 된다.

재무제표를 분석해서 향후의 좋은 기업과 ETF에 투자하고 수익을 얻는 것도 중요하지만 수수료와 세금을 적법하게 내서(절세) 큰 수익을 만드는 것이 중요한 전략이다. 법을 몰라서 큰 수익을 내고도 세금폭탄을 맞아 수익이 거의 없는 경우도 있다. 그리고 주식을 통해서 내야 하는 세금은 배당소득세, 금융종합소득세가 더 있다는 것을 참고하기 바란다.

똑같은 S&P500 ETF라도 다른 세금

구분	국내 주식형 ETF	국내 기타 ETF (국내상장 해외 ETF)	미국 직투 ETF
정의	국내 주식 시장에 상장된 기업에만 투자하는 ETF	국내 주식 시장에 상장된 해외 ETF	미국 주식 시장에 상장된 ETF
예시	KODEX200	TIGER미국S&P500	SPY/QQQ/DIA
매매차익	비과세	배당소득세 15.4% 원천징수	배당소득세 15.0% 원천징수
분배금	배당소득세 15.4% 원천징수	배당소득세 15.4% 원천징수	배당소득세 15.0% 원천징수
손익합산	무	무	유
특징	매매차익 비과세	절세계좌 ① 연금저축 ② ISA ③ 퇴직연금(IRP)활용 가능	매매차익 250만 원 이내 비과세

※ 이자/배당소득으로 발생하는 수익이 1년에 2천만 원 이상인 경우 금융소득 과세 대상자

출처 : 미래에셋

1. 국내 주식형 ETF 세금
– 매매차익 : 비과세

   예 매수금액 : 10,000,000원, 매도금액 : 15,000,000원

   매매차익 : 5,000,000원(비과세)

– 분배금

　예 세전 : 1,000,000원

　　세후 : 846,000원(1,000,000원 × 15.4% = 154,000원 원천징수)

2. 국내 기타 ETF(국내 상장 해외 ETF)

– 매매차익 : 과세

　MIN(매매차익 vs. 과표증분) × 15.4%

　예 매수금액 : 10,000,000원, 매도금액 : 15,000,000원

　　매매차익(세전) : 5,000,000원

　　매매차익(세후) : 4,230,000원

– 분배금

　예 세전 : 1,000,000원

　　세후 : 846,000원(1,000,000원 × 15.4% = 154,000원 원천징수)

3. 미국 직투 ETF

– 매매차익 : 과세

　예 매수금액 : 10,000,000원, 매도금액 : 15,000,000원

　　매매차익(세전) 　 : 5,000,000원

　　° 250만 원 공제 　 : 5,000,000원 – 2,500,000원 = 2,500,000원

　　° 매매차익(세후) : 4,450,000원(5,000,000원 – 2,500,000원 × 22%)

– 분배금

　예 세전 : 1,000,000원

　　세후 : 8,500,000원(1,000,000원 × 15.0% = 150,000원 원천징수)

– 손익통산

　예 A주식 매수금액: 10,000,000원 매도금액: 15,000,000원 ⇒

　　5,000,000원 이익

B주식 매수금액: 10,000,000원 매도금액: 8,000,000원 ⇒ 2,000,000원 손실

매매차익(세전) : 5,000,000원 - 2,000,000원 = 3,000,000원

° 250만 원 공제 : 3,000,000원 - 2,500,000원 = 500,000원

° 매매차익(세후) : 2,989,000원(3,000,000원 - 500,000원 × 22%)

2023년 개정 예정인 세금

구분	국내 주식형 ETF	국내 기타 ETF (국내 상장 해외 ETF)	미국 직투 ETF
정의	국내 주식 시장에 상장된 기업에만 투자하는 ETF	국내 주식 시장에 상장된 해외 ETF	미국 주식 시장에 상장된 ETF
예시	KODEX200	TIGER미국S&P500	SPY/QQQ/DIA
매매차익	22%(금융 투자 소득세 20% +지방세 2%)		
분배금	배당소득세 15.4% 원천징수	배당소득세 15.4% 원천징수	배당소득세 15.0% 원천징수
손익합산	무	무	유
특징	매매차익 비과세	절세계좌 ① 연금저축 ② ISA ③ 퇴직연금(IRP)활용 가능	매매차익 250만 원 이내 비과세

※ 이자/배당소득으로 발생하는 수익이 1년에 2천만 원 이상인 경우 금융소득 과세 대상자

출처 : 미래에셋

　많은 투자자들이 수익을 중요하게 생각하면서도 세금 및 수수료는 등한시한다. 초보자들은 절세와 수수료는 남의 집 이야기로 들린다. 이태백의 일화에 떨어지는 물방울이 바위를 뚫는다라는 말이 있다. 수적천석(水滴穿石)이라고 말을 명심하고 투자를 처음 시작할 때부터 세금에 대한 플랜을 갖고 투자하는 현명한 습관을 갖도록 하자.

ETF 03
일정 부분 현금을 보유하라

무조건적인 장기 투자는 독이 될 수 있다. 주식 투자 시에 많이 듣는 말이다. 인생을 살다보면 목돈이 필요한 경우가 생기게 마련이다. 급하게 가족의 입원으로 병원비가 들어가거나, 전세보증금을 올려주거나, 전세보증금을 돌려줘야 하는 경우 등이 있다.

A씨는 미국 S&P500 지수와 나스닥(티커 : NDAQ) 종목 그리고 국내 주식은 삼성전자에 장기 투자하고 있다. 더 나이를 먹기 전에 노후준비에 발 벗고 나선 것이다.

우리사주로 받은 주식의 매각대금과 그동안 적립했던 자산을 모두 투자를 1/3씩 하고 있다. 30평대 아파트도 보유했고 크게 돈이 들어갈 것 같지도 않았다. 무엇보다도 더 많이 그리고 더 빨리 투자를 해서 시간의 힘의 지렛대를 이용하려는 마음이 앞섰다. 퇴직 후에 경제적 자유를 누리고 세계 여행도 다니며 여유롭게 살고 싶어서다. 그리고 매월 월급이 나오니 필요한 것은 그때그때 해결하면 될 터였다.

어느 날 A씨에게 시골 본가 그의 아버지로부터 한 통의 전화가 왔다. 새벽에 어머니가 고관절로 넘어져 구급차를 타고 병원으로 갔고 현재 위독한 상태라고 했다.

일단 회사에 출근을 해야했다. 오늘 오후에 경영전략 회의가 있는데 걱정이다. 불편한 마음으로 오후 반차를 냈다.

응급실에 도착하니 고관절 골절이다. 낙상 시에 뇌출혈을 일으켰다는 의사의 말에 어안이 벙벙했다. 아직도 의식이 없으시다. 출혈 부분이 운동을 관장하는 곳이어서 수술을 해도 후유증이 많고 재활 치료가 필요할 것 같다고 했다. 부러진 고관절은 골다공증이 심해서 수술도 안 된다고 한다. 어떻게라도 수술을 해달라는 말에 의사 선생님은 수술하다 뼈가 부스러져서 도저히 안 된다고 한다.

몇 주 후 A씨의 10살 된 반려견이 공원에서 다른 반려견들과 으르렁거리다 십자인대가 끊어졌다. 동물병원에서 쇠를 심는 수술을 해야 한다. 그리고 췌장염이 있어서 이것도 수술해야한다는데 의료보험이 안 되니 사람 수술비보다 비싸다고 한다. 그렇다고 그냥 하늘로 보낼 수도 없고 가슴이 미어진다고 한다.

이것은 A씨의 경우지만 누구나 이런 상황에서 자유롭지는 않을 것이다. 우상향하는 미국 시장 지수와 나스닥 종목 그리고 삼성전자 등에 장기적으로 투자하며 시작을 잘했지만, 장기 투자를 위해 투자한 종목은 정작 필요할 때 매도할 수가 없다.

나스닥(NDAQ)는 나스닥 주식 시장을 운영하는 기업이다. 노름하는 사람보다 노름 장소를 제공하는 사람이 돈을 더 번다는 말이 있어 나스닥 종목도 절대로 버리는 카드가 될 수 없다.

　시장과 시간의 힘으로 크게 수익낼 수 있는 종목이라 매도하기가 어렵다. 중간에 매도를 하면 손해가 크고 그동안 공들인 돈과 시간도 함께 날아가는 것이다.

　고급 외제차를 전 재산을 들여 구입했는데 보험료, 자동차세, 연료비, 건강보험료 증가 등 운영에 필요한 유지관리비가 없는 것과 다름이 없다. 개인의 시장에 대한 장기 투자는 바람직한 투자지만 무조건 장기 투자만 하면 독이 된다. 그러므로 인생과 노후준비를 위한 주식 투자를 위해서는 항상 어느 정도 현금을 보유하고 있어야 한다.

　현금도 엄연한 금융의 보유자산의 한 종목이라는 것을 명심하자. 현금이 생기면 생기는 대로 어디에든 투자하려고 한다. 부화뇌동해서 막무가내로 모조리 투자하려는 경우도 많이 봤다.

　투자가 아닌 삶에서도 현금흐름을 만들어야 한다. 강남에 고급 아파트 한 채가 거의 전 자산인 A씨와 23평 서민 아파트에 현금 수십억 원 있는 B씨 중 누가 더 부자일까?

　A씨라고 주장하는 사람들은 강남 아파트 팔고 23평으로 이사가면 현금이 그만큼 생기지 않느냐는 의견이다.

　A씨, B씨 모두 총 자산으로 보면 비슷할 수도 있다. 그러나 A씨는 진짜 부자라고 생각이 안 든다. 부동산에 자산이 묶여 있어 마음대로 자산을 활용할 수가 없기 때문이다. 누군가 이런 말을 했다. "현금흐름이 없는 부자는 부자가 아니다."

주식 투자 시에 아무리 장기 투자 종목이라 하더라도 코로나19 등 악재를 만나면 내리막길이다. 그리고 과도하게 주가가 올라서 과열되었을 때는 그만큼의 장기간 조종기를 갖게 마련이다. 그 조종과 횡보 후에는 주가가 갑자기 반등하는 파동의 법칙이 있다.

주가가 오른다는 사실을 명약관화하게 알고 있는데 보유한 현금이 없으면 심정이 어떨까?

가슴도 아프고 부자로 가는 길에서도 멀어진다. 현금을 보유하고 있지 않으니 대응할 수가 없다. 하나 남은 방법은 그저 주가가 오를 때까지 기다리는 것이다.

극도의 공포를 견디어내고 주가가 회복했을 때 원금은 회복하고 수익률은 거의 없다. 공포를 피하고자 하는 것이 인간의 본능이라 원금을 회복하는 것만도 감지덕지라고 생각해서 매도하고 만다. 비관과 비판이라는 거름을 먹고 자라서 폭등하는 주식의 꿀맛을 볼 수가 없다. 이런 끔찍한 상황을 점잖게 피하고 부자로 가는 길로 가려면 현금을 보유해야 한다.

현금이 없다는 것은 전쟁 초기에 총알을 다 쏟아부어서 전쟁을 못하고 패하게 되는 우를 범하지 않는 것과 같다.

현금을 보유하면 변동성 있는 주식 시장에 공포를 느끼는 것이 아니라 움직이는 주가와 함께하며 즐기면서 투자할 수 있다. 주식 투자 시 현금보유는 부의 추월차선으로 들어선 것이다. 보통 사람들은 현금을 갖고 있으면 더 불안해 한다. 꼭 주식이 아니어도 맹지인 땅이라도 사야만 할 것 같은 강박을 갖는다. 현금은 매력적이고 훌륭한 금융의 보유자산의 한 종목이라는 것을 다시 명심하자.

자산 배분으로 안정적으로 투자하기

주식과 채권, 달러, 금 등으로 자산을 배분해서 안정적으로 운용하라. 채권은 정부나 기업에서 돈을 빌리고 정해진 기한에 돌려주겠다는 채무증서다. 전체 투자 포트폴리오는 15% ~30% 수준으로 투자할 것을 추천한다.

미국 직접 투자 IEF(미국 7~10년물 국채) 등과 국내 상장은 TIGER미국채10년 선물이 있다. 채권가격과 금리는 서로 반대의 흐름을 갖고 있다.

달러는 기축통화로써 안전자산이다. 30%의 현금 보유는 세상에서 가장 가치 있는 현금인 달러로 보유하자. 달러는 적정가치를 활용해서 환차익을 얻을 수도 있다. 이때는 네이버 환율정보나 인베스팅닷컴의 환율정보를 실시간 활용해보자.

금도 비트코인으로 매력도가 떨어졌다고 하지만 일정 부분 투자가 필요하다. 금과 달러는 대체로 반대로 움직이고 있다. 금은 10% 이내 저렴할 때 매수해서 25% 상승하면 분할매도 후 달러화 또는 주식을 매수해서 수익을 극대화할 수 있다.

ETF 04
분할매수, 분할매도 원칙을 지켜라

많은 투자자들이 투자도 하기 전에 궁금해하는 것이 있다. "지금 지수가 적당한가?" "지금 주식을 사도 될까?" 투자에 뛰어드는 것이 잘하는 것인지 고민하게 된다.

그러나 주가가 저점인지 고점인지 알 수가 없다. 이것을 아는 사람은 돈을 쓸어모으고 세계 최고의 부자로 등극할 것이다.

주가 등락은 아무리 수학 문제를 잘 풀어도 어렵다. 워낙 변수가 많아 수학이나 경제학보다 심리학이나 인문학 쪽에 더 가깝지 않나 하는 생각이 든다.

다행히 주식 시장에 적용할 수 있는 하나의 공식이 있다. 그것을 우리는 버핏 지수라고 말한다.

$$\text{버핏 지수} = \frac{\text{국민총생산(GDP)}}{\text{시가총액}}$$

* 국민총생산(GDP) : 자국내에 생산된 최종생산물의 시장가치 합계
* 버핏 지수가 100%이면 GDP와 시가총액이 같다.

일반적으로 기업이 성장하면 주가가 상승하고 그 나라의 경제도 성장한다. 반대로 기업의 성과가 부진하면 주가도 하락하면서 그 나라의 경제도 침체된다. 한 나라의 경제 규모와 주식 시장의 가치를 비교해서 평가하는 지표로 '버핏 지수(Buffett Indicator)'가 있다.

　미국의 기업인이자 투자가 워런 버핏이 2001년 미국 경제전문지 〈포춘(Fortune)〉과의 인터뷰에서 '주가 수준이 적정한지 판단할 수 있는 최고의 단일 지표'에 대해 언급한 이후로 사람들은 이 지표를 버핏 지수라고 부르게 되었다.

　버핏 지수는 국내총생산(GDP) 대비 시가총액의 비율이며 해당 국가의 시가총액/국내총생산(GDP)×100으로 계산한다. 국내총생산(GDP, gross domestic product)은 한 나라에서 생산된 모든 최종생산물의 가치이며, 시가총액은 모든 상장주식을 시가로 평가한 총액이다. 버핏 지수의 평가 기준은 각 국가의 상황에 따라 다르기는 하지만, 일반적으로 버핏 지수가 80~100% 사이면 증시가 적정구간에 있다고 본다. 80% 보다 낮으면 저평가된 것으로, 100% 보다 높으면 고평가되어 있어 증시에 거품(Bubble)이 있다고 판단한다.

　세계 증시의 버핏 지수가 100%를 넘긴 시기는 2000년, 2008년, 2018년이었다. 이중 2000년에는 닷컴버블이 발생했고, 2008년에는 글로벌 금융위기가 있었다. 1995년부터 2000년에 걸쳐 미국을 중심으로 한 정보통신 분야의 발달로 사람들은 인터넷 관련 기업에 무분별하게 투자했다. 이로 인해 주식 시장은 급격한 성장세를 보였으나 이후 거품 경제가 꺼지면서 주가 급락과 함께 많은 기업이 도산하게 되었는데, 이를 닷컴버블(Dot-com Bubble)이라고 한다. 2008년에도 미국의 대표적 투자 은행이었던 리먼 브라더스 홀딩스(Lehman Brothers Holdings Inc.)의 파산을 시작으로 대규모의 금융위기가 확산되어 전 세계적으로 경제적 혼란이 발생했던 바 있다. 한편 2020년 이후 코로나19(COVID-19)로 인한 경기 침체로 각국 정부가 경기 부양을 위해 공급한 현금이 주식 시장으로 몰리면서 버핏 지수가 급상승했으며, 이에 대해 주가 수준이 적절한지에 대한 논란이 대두되었다.

버핏 지수 수준 검토

구분	73% 이하	73%~93%	93%~114%	114%~135%	135% 이상
수준	매우 저평가	저평가	적정	고평가	매우 고평가

출처 : 미래에셋

제조업은 GDP에 큰 영향을 미친다. 미국과 달리 우리나라는 제조업 기반의 국가로 GDP와의 연관성이 많다. 따라서 미국 시장보다 한국 주식 시장에 버핏 지수가 더 잘 맞는다.

2121년 말 기준으로 미국 주식 시장의 수준은 '매우 고평가'다. 그렇다면 지금 워런 버핏이 만든 지수가 고평가라고 하니 당장 주식을 매도해야 하느냐 하는 버핏 지수의 한계가 있다. 이것은 GDP 기반이라는 것이 한계다.

미국 기업이 타국에서 벌어들인 수입은 GDP에 반영이 안 되며 그것에 대한 사각지대가 있다. 미국 상장기업이 반드시 미국 경제에만 기여하는 것은 아니라는 변수가 반영이 전혀 안 된다. 그리고 기업공개로 시가총액이 드러나면 이것이 영향을 받기 때문에 이 수치가 시장을 단적으로 평가하기에는 확실히 한계가 있다.

그렇지만 어떠한 장기적인 트렌드, 기존에 지나온 역사를 확인하는 관점에서 참고한다면 좋은 지표가 될 수 있을 것이다.

분할매수의 원칙을 지켜라

워런 버핏은 두 가지 투자 원칙을 강조했다. 첫 번째 절대로 돈을 잃지 마라. 두 번째 첫 번째 원칙을 절대로 지킨다. 많이 버는 것만큼 중요한 것이 바로 잃지 않는 것이다. 우리는 항상 최악의 상황을 가정하고 주식 시장에 신중하게 투자해야 한다. 방송에서도 투자의 고수들이 리스크를 관리하기 위해서 가장 강조하는 것이 분할매수, 분할매도다.

분할매수는 투자의 대상과 투자 금액을 정하고 여러 번에 나눠서 매수하는 것을 말한다. 예를 들어 삼성전자 주식에 1,000만 원을 투자할 때 한 번에 1,000만 원을 투자하는 것이 아니라 100만 원씩 10회, 200만 원씩 5회 등으로 나누어 투자하는 것이다.

누구나 아는 투자의 원칙이지만 이 원칙을 지키는 투자자는 드물다. 계획성이 부족하기도 하고 여러 번 분할해서 투자를 고려하더라도 급한 마음이 앞선다.

주식 투자에 있어 분할매수는 왜 중요할까? 첫 번째는 위험을 분산

시키기 위해서다. 투자자들의 실수는 대부분 조급함에서 나온다. 주가는 우상향한다는데 지금 오르고 있고, 내일 더 오르면 비싸게 매수해야 할 것 같아서 전량을 매수한다. 그러면 꼭 주가가 떨어진다. 물타기도 할 수가 없다. 주식 시장은 변동성이 크다. 경기변동에 따라 지수도 등락을 거듭한다. 그 누구도 매수하는 주식의 고점과 저점을 판단할 수가 없다. 그래서 몇 날, 몇 달에 걸쳐서 투자 방향을 정해야 한다. 분할매수로 위험을 최대한 분산시켜라.

두 번째 평균 매입단가가 낮아져 안전성과 수익성을 동시에 얻을 수 있다. 분할매수 시에는 결과적으로 고점과 저점에서 균형있게 매수하게 된다.

세 번째 투자 습관을 만들어준다. 급여가 들어올 때마다 분할해서 투자한다면 꾸준히 투자하는 습관을 만들어준다. 작심삼일이라고 투자도 마찬가지로 포기하여 부의 열차에서 뛰어 내리는 것과 같다.

A씨는 주위에서 아무리 강조해도 주식을 분할매수를 거의 못한다. 지금이 저점이라는 본인의 확신이 강하다. 그러나 그것은 신의 영역이다. 거의 대부분이 매수 후 얼마후에 주가가 하락한다. 귀신이 곡할 노릇이다. 그리고는 주식은 본인 체질이 아니라고 하며 껄껄 웃고는 시장을 떠난다. 그리고 어느 날 다시 주식 시장에 들어와 같은 우를 범한다.

그래서 그에게 당부했다 두 번에라도 들어가라. 아니면 적립식으로 매월 월급날에 투자하라!

매도도 *분할하라*

분할매도도 마찬가지로 위험을 분산시킬 수 있다. 매도 후 주가가 올라갈 수도 있고 내려갈 수도 있는 것이다. 그러한 리스크를 줄여줄 수가 있다. 예상치 못한 시장의 충격이나 사건에 대비하려면 이처럼 분할로 거래하는 습관이 필요하다.

초보 투자자는 주가가 상승 추세에 있으면 더 오를 것 같은 마음에 덜컥 많은 물량을 조급하게 매수하는 경향이 있다. 또 반대로 주가가 조금만 내려도 급하게 매도한다. 또는 '좀 더 오르면 팔아야지'라고 생각하다가 주가가 갑자기 하락하면 그제야 급하게 전부 매도한다. 그리고 이후에 주가가 추가로 상승하면 결정을 후회한다. 만약 분할로 매수하거나 매도했다면 아쉬움과 리스크는 줄어들었을 것이다.

잃지 않는 투자를 하기 위해 리스크를 최소화하고, 분할로 주식을 매매하는(분할매매) 습관을 가져야 한다. 주식 시장에서 수익을 내어 부의 엘리베이터에 타기 위해서는 분할매수 분할매도를 항시 기억하고 명심하자.

ETF 05
주식 투자에 도움이 되는 정보 활용

일반 주식 투자자들은 기관, 외인 등 큰 손에 비해 증권 정보에 취약하다. 투자자에게 있어서 정보는 생명이다. 객관적으로 지표를 분석할 수 있기 때문이다.

예전에 여의도에서 근무한 1980년대 말 1990년 초에는 점심시간에 잠깐 증권거래소에 가서 시황도 보고 큰손들의 말에 귀를 기울이며 귀동냥도 하던 시절이 있었다. 한 직원은 근무시간에 외출로 은행에 갔다가 은행 인근에 있는 거래소에 잠깐 방문했다. 그런데 TV 9시 뉴스에 거래소의 모습을 배경으로 증권 소식을 전하는 시간에 그 직원의 얼굴이 나와서 비상도 걸린 적이 있었다. 얼굴을 알아보는 사람이 있어서라기보다는 근무복을 입고 외출하니 신분이 한눈에 드러났기 때문이다. 외출할 때는 사복을 입을 것이라는 지침이 떨어지기도 했다.

그 당시에는 그만큼 정보가 어두웠던 시기였다. 지금은 정보화의 시대에 살고 있어 무궁한 지식과 정보의 홍수 속에서 살고 있다. 그렇지만 투자를 하면서 정작 정보 활용을 하는 사람이 의외로 적다는 것을 알게 되었다.

그냥 좋다는 대로 마음 내키는 대로의 투자를 지양하고 정보를 활용하자. 직장에서 격무에 시달리며 바쁜데 투자 정보를 찾아보냐며 그게 가능한 일이냐 말씀하시는 분도 있다.

인베스팅닷컴을 활용하자

필자는 아침에 일어나면 바로 안 일어난다. 워밍업한 후에 기상한다. 그 시간에 스마트폰에서 인베스팅닷컴을 볼 수 있다. 인베스팅닷컴은 전 세계 6천 5백만 명이 사용하는 유용한 도구다. 무료 실시간 시세, 포트폴리오. 차트, 최신 금융뉴스, 주식 시장 및 데이터를 제공하고 있다.

밤새 변화한 다우, S&P500, 나스닥 등 미국 3대 지수와 주식 시장의 상황, VIX(공포지수), 달러 환율, 비트코인 시세의 흐름을 확인한다. 미국 시장의 흐름을 파악하면 국내 주식 투자에도 유용하게 참고할수 있다. 출퇴근 시에도 편리하게 볼 수가 있다. 세계 주요지표 시세, 주요경제 이벤트 알림, 투자 뉴스 등으로 정보를 제공한다.

1. 지수 : 코스피, 코스피200, 코스닥, 닛케이, 호주 S&P/ASX, 항
   셍, 상하이 종합, 미국 시장 지수, 영국 FTSE, 유로스톡스 50,
   프랑스 CAC, 이탈리아 FTSE MIB

2. 국가별 유형별 주가

3. 원자재 : 금, 은, 구리, WTI유, 브렌트유

4. 천연가스

5. 미국 옥수수

6. 외환 : 각국의 환율정보

7. ETF : 각국의 주요 ETF

8. 뉴스정보 : 최신, 인기뉴스, 암호화폐, 상품, 외환 시장, 주식 시장, 경제지표, 경제뉴스, 코로나19 등의 정보를 볼 수 있다. 달러 환율도 실시간이며 역외 환율도 알 수 있어 달러 투자에도 유용하다.

인베스팅닷컴 모바일 웹페이지

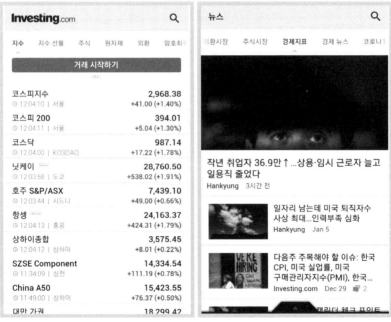

출처 : 인베스팅닷컴

금감원 DART에서 재무제표 보기

DART의 정확한 명칭은 '금융감독원 전자공시시스템(http://dart.fss.or.kr/)'이다. 플레이 스토어에서 다트전자공시를 입력하면 '금융감독원 모바일 전자공시(DART)' 어플을 다운받을 수 있다. 스마트폰으로 편리하게 공인회계사의 감사를 받은 재무제표를 무료로 볼 수 있다.

주식뿐만 아니라 여러 분야에서 유용하게 활용할 수 있다. 필자는 재개발 사업에 참여하게 되었다. 많은 건설사가 사업에 참여하려고 지원을 했다. 재개발 사업은 모든 토지 주인들에게 대박인 것만은 아니다. 계약 단계부터 사기를 당할 개연성이 많다. 매수자 측에서 제시하는 계약서에 도장을 찍고 집을 뺏겨 길바닥에 나앉게 되는 경우도 많이 있다. 사실 지역 주택 등으로 토지를 빼앗기고 토지신탁에 이자를 물어내야 하는 것도 적지 않게 봤다. 비관해서 유명을 달리하기도 한다.

법을 모르면 법이 지켜주지 않듯이 아무것도 모르고 있으면 세상은 잔혹하다. 필자가 건설사와 컨택할 때는 DART에서 기업의 재무제표 자료를 유용하게 활용했다. 그 덕분에 재개발 사업이 성공리에 진행됐다.

재개발 사업은 지역주민의 힘만으로는 어렵기때문에 전문 변호사를 선임해야 한다. 그리고 변호사가 있어도 내가 모르면 자문을 구할 수 없다는 것을 알아야 한다. 주제를 벗어났지만 도움이 될 것 같아 말씀드린다.

DART(금융감독원 전자공시시스템) 홈페이지

※ 회사명에 검색하고자 하는 회사의 이름을 입력하면 관심이 있는 공시를 선택해서 볼 수 있다.

출처 : 금융감독원 DART

또 다른 유용한 사이트

'에프엔가이드(http://comp.fnguide.com)' : 국내기업의 재무지표 및 밴드 차트 등의 정보를 얻을 수 있는 곳이다.

매크로트렌즈(http://macrotrends.net) : 해외기업을 검색할 수 있다. 지금은 한국어로 조허기 가능하다. 기업의 매출액, 당기순이익 등 10년의 재무제표를 확인할 수 있다.

지금 소개한 사이트 또는 어플은 투자에 있어서 많은 정보를 제공하는 것이다. 설치해서 활용하면 투자에 큰 도움이 될 것이다.

ETF 06
경제지표를 활용해
투자하라

경제지표는 경제 활동의 상태를 알아내기 위해서 특정 경제 현상을 통계 수치로 나타낸 것으로 국민 소득 통계, 생산 지수, 고용 지수 등이 있다.

지표를 알면 방향을 알고 경제지표를 알면 투자 시점을 고려할 수 있다. 또한 시장 지표를 잘 이용하면 투자에 관련된 방향을 예측할 수 있고 따라서 미래를 예측해서 투자할 수가 있다.

시장 지표가 네이버 금융에서 보면 하나의 카테고리로 있을 만큼 중요한 것을 알 수 있다. 시장지표에는 주요, 환율, 유가, 금리, 원자재 등이 있다. 제조업 지수, 미국 고용지수, 실업수당 신청지수 등 지표들을 확인할 수 있다.

국내 지표는 한국은행의 '모바일 경제통계시스템(http://ecos.bok.or.kr/)'을 활용할 수 있다. 주요 경제지표로 물가 등 12개 카테고리를 제공하고 있다. 물가를 검색하면 소비자 물가지수, 생산자 물가지수 등 투자에 중요한 지표를 제공하는 어플이다.

물가와 경기지표는 투자에서 중요하다. 지표에 의해 시장에 돈이 풀리기도 하고 묶이기도 하기 때문이다. 이러한 사항을 알면 투자할 때 도움이 된다.

물가는 투자를 적극적으로 해도 되는지 판단할 수 있는 지표다. 물가가 낮아서 금리가 낮을 때는 돈의 가치가 떨어진다. 돈의 가치가 떨어질 때 자산의 가치가 올라간다. 따라서 자산에 대한 투자를 적극적으로 할 때다.

경기가 좋으면 주식으로 돈이 몰린다. 따라서 주식에 대한 투자를 적극적으로 할 때다. 제조업 생산자 제품 출하지수와 재고지수를 비교해서 출하가 재고보다 많으면 채권보다는 주식을 해야 한다.

한국은행의 모바일 경제통계시스템

출처 : 한국은행 모바일 경제통계시스템

물가지수와 경기지표로 투자하라

생산자 물가지수는 생산을 담당하는 기업의 출고 가격의 물가지수다. 시차를 두고 소비자의 구매가격을 나타내는 소비자 물가지수에 전이된다. 따라서 생산자 물가지수의 마이너스 상승은 뒤이어 소비자 물가지수의 마이너스 상승률을 나타내는 디플레이션을 예고한다.

또한, 일반적으로 상품 가격의 하락은 상품의 공급에 비해 수요가 부족한 상황에서 발생한다. 따라서 디플레이션이 발생한 것은 소비 위축에 따른 경기 둔화가 동반되는 것을 암시한다. 즉, 디플레이션은 단순히 물가 하락만을 의미하는 것이 아니라 물가 하락을 유인하는 불경기, 즉, 경기 침체를 의미한다.

금융 시장에서도 생산자 물가지수의 하락은 주가의 하락을 의미하게 된다. 생산자 물가지수는 기업의 상품 출고 가격 하락을 의미하므로, 기업은 소비 둔화와 함께 매출액과 마진율 감소로 이어져 실적 감소와 함께 주가 하락으로 이어진다.

PMI지표로도 경기가 좋은지 나쁜지를 알 수 있다. PMI(Purchasing Managers' Index)SMS 구매관리자 지수라고도 한다. 제조업 분야의 경기 동향지수다. 일반적으로 PMI가 50 이상이면 경기의 확장, 50 미만일 경우에는 수축을 의미한다. 기업의 구매 담당자를 대상으로 신규 주문, 생산, 재고, 출하 정도, 지불 가격, 고용 현황 등을 조사한 후 각 항목에 가중치를 부여해, 0~100 사이의 수치로 나타낸 것이다. 일반적으로 PMI가 50 이상이면 경기의 확장, 50 미만일 경우에는 수축을 의미한다.

PMI지표를 보고 경기가 좋아지고 있으면 주식에 좀 더 비중을 두고 나빠지면 주식을 처분하고 채권을 매수하는 것이 좋다.

앞으로 디플레이션인가 인플레이션인가? 디플레이션이라 생각한다면 채권과 같은 안전자산에 투자하고 위험자산을 줄여야 할 것이다. 인플레이션이라 생각한다면 채권과 같은 안전자산을 줄이고 적극적으로 상품과 주식 등 위험자산의 비중을 늘려야 한다.

뉴스보다 지표를 확인하라

주식은 소문에 사서 뉴스에 팔아라. 주식을 하는 사람이 아니어도 한 번쯤은 들어본 격언이다. 사람들은 여러 매체에서 어떤 종목이 좋다고 하면 너도 나도 다 몰린다.

뉴스뿐만 아니라 증권방송 그리고 요즘엔 유튜버들까지 나서서 어떤 종목을 찬양한다면 격언처럼 뉴스에 팔아야 한다. 그러나 일반인은 이때 매수를 한다. 그리고 새로 진입한 투자자들이 어느 정도 종목 상의 수익일 것 같으면 갑자기 급락한다. 급등에 따른 기나긴 조정과 '개미 털기'가 시작된다. 공포에 질린 일반 투자자는 매도하고 시장을 떠나거나 다른 핫한 종목으로 갈아탄다. 옮겨 가도 같은 현상을 반복한다.

뉴스에서 혹평이 이어지고 종목이 폄하되며 증권사 보고서도 공포스러운 내용으로 만들어진다면 일반적으로 주식은 이때 매수하는 것이 타이밍일 것이다.

미국 세인트루이스 연준에서 제공하는 FRED 사이트 또는 어플을 활용해서 지표를 활용하자. High Yield Index와 M1지수를 확인한다. High Yield는 신용등급이 낮은 기업이 발행하는 고위험, 고수익의 채권이다. M1은 현금, 예금 등 바로 현금화가 가능한 머니다. High Yield가 계속 상승하는 것은 기업의 부도 위험이 높아지고 있다는 뜻이다. 떨어질 때 주식을 투자할 시기다. M1 지수가 높은 것은 현금이 많은 것이므로 이때 투자하는 것이 바람직하다.

High Yield Index와 M1지수

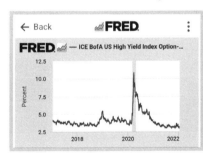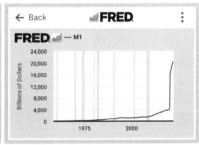

출처 : FRED

ETF 07
매일 리포트를
챙겨보라

지금은 스마트폰으로 유튜브를 보며 손쉽게 정보를 얻을 수 있다. 그러나 몇 년 전까지만 하더라도 개인과 기관 투자자들의 정보격차는 하늘과 땅 차이였다. 세미나, 기업탐방, 기업IR 등은 사실상 기관 투자자에게만 열려있었기 때문이다. 하지만 유튜브에 주식 관련 채널들이 많아지며 양질의 정보들에 개인들이 접근하기 쉬워졌다.

유튜브로 정보를 얻는 한편 증권사에서 제공하는 리포트들을 매일 챙겨보는 것이 좋다. 증권사 리포트는 증권사 리포트센터의 전문가들이 자신의 담당 분야와 기업에 대해 조사 및 분석한 자료를 제공하므로 주식 투자자들은 필수적으로 참고해야 한다.

하지만 많은 증권사 애널리스트들이 쏟아내는 리포트 수가 너무 많다 보니 정보의 홍수 속에 있다. 선별해서 볼 필요가 있다.

2020년 12월 말 기준으로 국내에서 영업 중인 증권사는 국내사 35개, 외국사 22개로 총 57개 사다. 이들 중 지난해 리포트를 낸 국내 증권사는 총 31개사다. 리포트는 인터넷 검색만으로 손쉽게 구할 수 있고, 무료이기 때문에 접근성이 높다.

지속적으로 내용을 보다 보면 소신이 있게 쓴 것인지 성의가 없게 쓴 것인지 가려낼 수 있다. 또한 어떤 정보를 취득하고 어떻게 활용해야 할지도 판단할 수 있을 것이다.

주식 시장이 좋을 때는 긍정적인 전망 제시와 목표주가를 상향하는 리포트가 발행되고 이후 오히려 주가가 떨어지는 경우도 있으므로 증권사 리포트를 무조건적으로 신뢰할 것이 아니라 참고사항으로 활용해야 한다.

A씨는 많은 사람들이 그러했듯이 주식 시장이 끓어오를 때인 2021년 초에 주식에 입문했다. 꼼꼼하게 증권사 리포트를 적극적으로 활용한다. 그는 여러 리포트를 읽고 삼성전자 주식을 매수했다. 지금은 손실을 보고 있지만 10만 원까지는 무난히 갈 것으로 확신했다. 그가 보유한 삼성전자 주식의 평균가는 9만 원 초반이다. 하지만 2121년 말 삼성전자 주식 종가는 78,300원이었다.

그가 삼성전자의 적정주가를 10만 원 이상으로 확신했던 근거도 증권사 리포트다. 리포트에는 애널리스트가 제공하는 목표주가, 투자의견 등이 담긴다. 올해 발표된 삼성전자 리포트 대부분이 10만 원 이상을 목표주가로 예상했다. 일반 초보 투자자는 전문가인 애널리스트들의 발표만큼 결국 오르지 않겠느냐는 확신을 가졌던 것이다. 2021년 실적을 보면 증권사 리포트도 맹신해서는 안 된다는 교훈을 톡톡히 얻었다.

B씨는 주식경력이 나름 꽤 있다. 그도 역시 증권사 리포트를 매일 읽는다. 하지만 그는 IMF와 2000년 닷컴버블 그리고 미국발 금융위기를 겪으면서 증권사 리포트는 주식 투자에 참고하는 수준에서만 본다. 전적으로 신뢰해서는 안 된다고 생각한다.

모 국회의원실이 공개한 자료에 따르면 2017년부터 2020년까지 증권사들은 약 8만 건의 기업 리포트를 쏟아냈다. 1년에 약 2만 건, 하루 평균으로 계산하면 약 54개의 리포트가 나온 셈이다. 이 8만여 건의 리포트 중 애널리스트가 '매도' 의견을 낸 것은 단 63건이었다. 비율로 환산하면 약 0.07%다. 반면 '매수' 의견은 7만 6412건으로 약 90%에 달한다. 나머지는 중립 의견이다.

매수 의견이 압도적인 것은 애널리스트와 해당 기업과의 관계 그리고 해당 기업의 주주와의 관계 때문이다. 매도 의견을 냈다가 주가가 떨어지면 주주들 원성을 애널리스트가 받아야 한다. 증권사도 '매도' 의견은 쉽지가 않다. 증권사는 기관 및 개인 투자자뿐만 아니라 기업도 고객으로 둔다. 기업공개(IPO), 유·무상 증자 등 기업을 상대로 한 업무가 주요 수익원이 되면서 관계 설정이 중요하다.

우리는 증권사 리포트의 이런 구조를 알아야 한다. 그러므로 증권사의 매수 매도의 달콤한 의견보다는 산업·업종분석 리포트와 시장 전체의 흐름을 분석한 시장 분석 리포트를 살펴봐야 한다.

많은 증권사와 개인 투자자들이 늘어난 탓인지 리포트를 쉽게 확인할 수 있는 유용한 사이트가 많이 있다. 각각의 증권사 홈페이지를 방문하는 것이 번거로울 수 있다. 가장 쉽게 접근할 수 있는 유용한 사이트로 네이버 금융리서치(https://finance.naver.com/research)와 한경컨센서스(http://consensus.hankyung.com)를 소개한다. 업무에 바쁜 직장인은 두 리서치만 활용해도 투자에 도움이 된다.

주의할 것은 절대로 증권사 리포트의 목표주가에 연연해서는 안 된다는 것이다. 산업리포트, 시장 리포트, 경제리포트를 읽고 산업과 기업에 대해 파악해야 한다.

신문에서도 리포트를 보자

경제 관련 신문을 보면 증권사 리포트를 볼 수가 있다. 별도로 증권 섹터가 있기도 하고 기사로도 읽을 수도 있다. 증권사, 네이버금융, 한경컨센서스 외에서도 신문기사에서 쉽게 정보에 접근할 수 있다. 신문에 나오는 리포트는 증권사의 리포트를 인용하며 현재 증시의 흐름을 잘 파악할 수 있다. 신문사를 통해서 뉴스로 나가면 리포트에서 언급된 종목들의 주가가 급등하는 사례가 많다. 지인 중 한 사람은 평소에 리포트를 꼼꼼이 읽으면서 투자에 활용한다. 언급된 종목들을 스스로도 분석하고 개장하자마자 많은 수량을 매수해서 삼십분 이내에 수익을 내는 것을 보면 언론의 파급효과가 대중의 심리를 움직임이 크다는 것도 알 수가 있다. 우리는 기사 내용을 발판으로 스스로 질문하고 스스로 답을 찾아나가면서 경제를 예측하는 용도로 활용하는 것이 중요하다.

네이버 금융의 리서치 페이지

출처 : 네이버 금융

검색에 용이한 한경컨센서스

출처 : 한경컨센서스

ETF 08
달러 환율의
움직임을 주시하라

기축통화란 무엇일까? 기축통화란 국제간의 결재나 금융거래의 기본이 되는 통화(화폐)다. 각 나라마다 사용하는 화폐의 단위는 다르다. 우리나라는 원화고, 일본은 엔, 중국은 위안, 러시아는 루블, 유럽은 유로, 영국은 파운드, 미국은 달러다.

이 각기 다른 단위를 국제적으로 사용하기에는 어려움이 있다. 따라서 한가지 화폐 단위를 정하는 것이 편리하므로 그것을 기본 가치로 정한다. 여기서 기준이 되는 화폐가 달러다.

기축통화가 되기 위해서는 첫째로 해당 통화 발행 국가의 군사력과 외교적 영향력이 압도적이어야 한다. 둘째, 금 보유량이 많아야 하고, 대규모의 무역 적자를 봐야 한다. 셋째, 금융업이 엄청나게 발달된 첨단 금융 시장이 존재해야 한다. 마지막으로 국가의 신용도와 물가가 안정되어야 한다. 이 조건들을 모두 충족하는 나라는 미국이다. 그래서 미국 달러가 기축통화인 것이다.

그러면 미국은 어떻게 기축통화 지위를 가지게 된 것일까? 1930년대에서 40년대까지 2차 세계대전이 있고, 미국은 브레턴우즈체제(금본위제도)를 확립시킨다. 이를 통해 국제 통화기금 IMF를 만드는 주재는 미국이 차지하고, 금환본위제를 바탕으로 달러를 기축통화로 만들었다. 당시 미국이 세계 산업 생산량의 절반을 감당하고 세계 금 보유고의 3분의 2를 확보할 만큼 실로 전무후무한 경제력을 갖고 있었기 때문에 가능한 체제였다.

1971년 닉슨쇼크로 인해 일방적으로 금 태환이 정지되면서 브레튼우즈 체제의 붕괴와 함께 그 지위가 위태로워지기도 했다. 그러나 이후 미국이 금 태환을 대체하면서도 자국 달러의 교환가치를 보장할 각종 국제정치 및 경제시스템을 성공적으로 구축해서 위기를 극복하면서 그 지위가 지금까지 이어지고 있다.

그중 대표적으로 잘 알려진 것이 바로 페트로 달러 시스템이다. 1974년 미국과 사우디아라비아 사이에 맺어진 군사·경제협정의 내용에서 핵심 중 하나가 원유 가격의 책정 단위 및 그 결제 화폐를 오로지 미국 달러로만 하기로 한 것이다. 이를 1975년 OPEC 회원국 전체로 확대하면서 명실상부한 국제 에너지 거래의 중심을 차지, 국제경제 질서에서 미국 달러 의존도를 획기적으로 높임으로써 당대에는 아예 대체 불가능한 결제 수단에까지 이르게 되었다. 이런 독보적인 위상은 2000년대 초반 국제 외환보유고 통계상 미국 달러가 사상 최대를 기록하면서 정점을 찍은 것으로 평가되고 있다.

달러 이전의 기축통화 역사를 살펴보면 아프리카 밀림에서도 발견

되는 고대 로마의 금화가 있다. 중세에 들어서는 오스만 제국의 은화가 유럽과 중동을 넘어 중국에까지 영향을 미치는 기축통화의 지위를 가졌다. 하지만 스페인이 아메리카 대륙에 진출하며 막대한 양의 은을 들여왔고, 때마침 스페인에서 수은·아말감 기법이 개발되면서, 스페인의 은화가 물량으로 밀어붙이며 기축통화의 지위를 차지했다.

한편, 전 세계적인 기축통화의 시초는 영국의 파운드 스털링이다. 그 이전에도 프랑스 프랑이나 두카트, 멕시코 은화 등도 통용되고 있었으나 강대국의 위력을 빌린 것이거나 해당 화폐에 귀금속이 많이 들어가서 그 가치로 통용되는 것이므로 약간 달랐다. 파운드는 17세기 이후부터 기축통화로 사용되어왔으나 미국이 금본위제를 시행하고, 1차 세계대전부터 미국이 초강대국으로 급부상한데다가, 2차 세계대전 이후부터는 전 세계의 광범위한 식민지도 잃으면서 현재는 기축통화 자리를 상실한 상태다.

달러의 환율을 주시하자

우리나라 국내 시장에 투자하기 위해서는 외국자본이 유입되어야 한다. 원화가 강세(원달러 환율하락)가 되면 외국인들은 환차익을 위해서 국내 시장에 들어온다. 특히 시총이 높은 삼성전자와 SK하이닉스 주식 등 대형주 중심으로 매수한다. 그러면 당연히 코스피지수도 올라가게 된다.

환율 하락은 국내경기가 견실하고, 기업성장이 기대된다는 것을 의

미한다. 국내 기업성장이 기대되면 외국인도 국내 주식을 사고 싶어진
다. 외국인이 국내 주식을 사기 위해서는 먼저 외환 시장에서 달러를
원화로 환전해야 한다. 그러면서 외환 시장의 원화는 수요가 많아져
줄어들고, 달러의 양은 상대적으로 늘어나게 된다. 이런 원리로 기업
성장이 기대가 되면, 환율이 하락하게 되는 것이다.

일반 물건은 쌀 때 많이 사놓는 것이 좋지만, 주식은 싼 종목을 사
는 것이 아니므로 이미 가치가 올라 전보다 비싸졌다 하더라도 더 많
이 성장할 가능성이 보인다면 기업성장이 기대된다는 뜻인 환율이 하
락 시기에 국내 주식을 더 많이 매수하는 것이다.

외국인 투자자들이 한국 시장에 비중을 늘릴지, 줄일지 판단은 어
떻게 할까? 달러 가치와 한국 기업의 수출 상황을 살펴본다. 미국경
기가 호황이고 달러 강세면 미국 시장에 많은 자금을 투자하게 된
다. 우리나라 경기가 좋고 원달러 환율이 낮으면 우리나라에 많은 자
금을 투자할 것이다. 외국인들이 국내 주식 시장에 투자할 때 가장 먼
저 고려하는 것이 원달러 환율이다. 원화가 강세면 달러를 팔고 그
원화로 한국 주식을 매수하려고 한다.

참고로 환율이 떨어진다는 것은 원화가 비싸진다는 뜻이기도 하다.
1달러가 1,200원인 경우 외국인이 원화 1,000원을 사려면 0.83달러를
지불해야 한다(예 : 1,000/1,200=0.83). 1달러가 1,000원인 경우 외국인이 원
화 1,000원을 사려면 1달러를 지불해야 한다(예 : 1,000/1,000=1).

이렇게 환율이 하락하면 외국인 입장에서는 원화가 비싸져서 투자
비용이 더 많이 든다. 그래도 국내 주식을 더 많이 매수하는 이유는

환율하락으로 국내 경기가 견실하고 기업 성장이 기대되면서 원화라는 상품의 가치가 상승하기 때문이다. 투자는 가치가 오르는 상품에 투자하는 것이기 때문에 당연한 일인 것이다.

간단히 요약하겠다. 이것만이라도 기억하자. 외국인은 원화(주식) 가치가 오르면 사고 떨어지면 판다. 외국인은 환율이 떨어지면 사고, 환율이 오르면 판다. 국내 주식 시장은 외국자본의 유입에 따라 지수가 오르고 내리고가 심하다. 따라서 원달러 환율의 흐름을 알고 투자하는 것이 필수 조건이다.

환노출과 환헷지를 알자

환노출은 환율이 변동하는 위험에 노출된 것을 말한다. 해외주식 투자 시 환율의 변동에 따라 수익률이 달라질 수 있다. 관련 상품은 해외 직접 투자 상품 그리고 국내상장 ETF에서 (H)가 붙지 않은 상품을 말한다(예 : TIGER미국S&P500, TIGER미국나스닥100).

환헷지는 환율이 변동하는 위험에 노출되어 있지 않다. 해외 주식 투자 시에 환율의 변동에 따라 수익률이 달라지지 않는다. 그러나 환헷지 수수료가 주가에 반영되어 있다는 것을 알아두자. 관련 상품은 국내상장 ETF에서 (H)가 붙는 상품을 말한다(예 : TIGER미국S&P500선물(H), KODEX미국S&P500선물(H)).

환노출과 환헷지 어떤 것이 좋을까? 전문가들은 달러환율의 몇 개

년간의 흐름과 환율 중위수로 보았을 때 환율이 1,200원 이하일 때는
환노출형으로 매수하는 것이 유리하다고 한다.

ETF

ETF

4장

ETF를 200% 활용하는
7가지 방법

ETF 01
NAV와 가격 차이를 활용한 매매 방법

우리나라 사람들이 성격이 급한 편이다. 2002년 월드컵 축구경기는 대한민국을 뒤덮었던 대한민국 축구 역사상 최전성기다. 그해 6월 한 달간 대한민국은 말 그대로 붉은색 물결로 완전히 뒤덮였고, 언론 역시 〈스포츠 뉴스〉 코너가 아닌데도 일제히 월드컵 관련 소식들만 줄곧 보도할 정도였다. 월드컵이 끝난 후에도 열기가 남아서 월드컵 관련 뉴스들이 계속해서 등장하거나 예능에서도 월드컵을 소재로 방송을 많이 했었다. 사실상 당시 대한민국 국민들은 홈그라운드의 이점에 힘입어 최초의 16강 진출 정도를 처음에는 기대했는데, 그 기대를 완전히 넘어서 무려 4강까지 가는 기염을 토했으니, 대한민국 역사에 남을 훌륭한 결과라고 봐도 과언이 아니다. 한국 축구의 목표 성적이 조별 리그 통과 이상으로 확대된 시기도 이때다.

대한민국의 위상은 세계적으로 높아지고 터키와는 준결승에서 경쟁했지만 형제국가의 우애가 상당했다. 월드컵 경기 이후 나는 가족과 그리스와 터키를 여행했다. 터키에서의 한국민에 대한 환대가 대단했다 "대~한민국 짝! 짝! 짝! 짝! 짝!" 하는 환호를 받았다.

그리스에 가서도 마찬가지였다. 지중해의 어느 섬에서는 6.25 때 참전해서 서울에서 찍은 사진을 보여주시는 그리스의 노병도 만났다. 휴양지 섬에서는 대구의 모 교장선생님이 가지고 온 양주로 작렬하는 지중해의 햇살 속에 즐거운 시간이었다.

아테네로 와서는 일사병 증세가 생겨서 물을 마셔도 시원하지가 않았다. 호텔에서 무작정 나와 카루프 백화점에 갔다. 서울의 하계동에서 '카루프'를 자주 이용해서 친근감도 있어서다. 도착해서 갈증을 없애기 위해 콜라 한 병을 구입을 했다. 달러를 내니 유로화만 가능하다고 한다. 내가 선 계산대에는 6~8m나 되는 대기자가 있었다. 미안해서 걱정하는 순간 미안할 필요가 없어졌다. 여행용 가방에서 주섬주섬 신용카드를 찾는 사이에 다른 라인으로 다 가버리고 나만 남아 있었다. 이때 나는 순간적으로 느꼈다. 그리스도 우리나라처럼 반도 국가라서 성격이 급하다는 것을 말이다.

성격이 급하다 보면 매사에 급하다. 큰 부동산 계약도 권리분석과 임장활동도 안하고 덜컥하고 나중에 후회하고 막대한 손해를 보는 경우를 주변에서 많이 봤다. 내가 어렸을 때는 결단성이 좋고 남자답다고 생각했는데 꼭 그렇지만은 것이다. 요즘은 여자분들도 덜컥 부동산 매도를 결정하는 경우도 많다. 남편과 사별하고 생활비가 필요하니 월세를 받아서 생활하려고 하는데 연세도 있으시고 부동산 정보에 어둡다면 사기를 당하기가 쉽다.

주식도 마찬가지로 남들이 좋다고 덜컥덜컥 매수하는 것은 지양해야 한다. ETF는 최소한 NAV를 확인해보고 매수해야 한다. NAV는 Net Asset Value의 약자로 해당 ETF의 순자산가치를 의미한다. 주당 순자산가치는 기업이 청산될 때 회사의 자산이 주당 얼마만큼 남는가를 알려주는 지표다. 기업의 자산(현금, 어음, 재고)에 부채(현재부채, 장기부채, 우선주, 일시차입금)를 뺀 금액으로 계산한다. 보통 대부분의 펀드들은 하루에 한 번 공시되는 펀드의 순자산가치에 의해 기준가격이 결정되고 이 기준가격으로 펀드의 매입과 환매가 이루어진다.

현재 ETF의 주가와 NAV의 차이를 확인해야 한다. ETF를 매수할 때도 급한 성격이 나타난다. 9시에 주식 시장이 개장을 하자마자 매수를 하고 하루의 큰일을 빨리 숙제하듯 끝내놔야 마음이 편한 사람들이 많다. 하지만 특히 9시부터 30분간은 변동성이 커서 흐름을 관망하는 것이 유리할 것이다. 일반적으로 보통 오후 1시 이후에 거래하는 것을 추천하고 있다. 거래량이 많은 오전에는 어떤 주식이든 높은 가격이 형성되어 있는 경우가 많기 때문이다. 급하게 9시부터 거래해야한다는 고정관념은 버리고 직장인은 점심 식사하고 남는 여유 시간에 시장의 흐름과 NAV를 확인 후 거래하는 것이 부담이 적을 것 같다.

NAV와 가격차이를 활용하라

괴리율은 무엇일까? 다음 TIGER 차이나전기차 SOLACTIVE의 순자산가치 추이를 보면 NAV와 괴리율을 볼 수가 있다. NAV라는 것은 해당 ETF의 순자산가치 즉 적정가치를 말한다. 괴리율은 실제 가치와 현재 가격의 차이를 말한다. NAV와 시세 차이를 퍼센트로 나타내며 이것을 보고 해당 ETF의 시세가 저평가, 고평가되어 있는지를 알수 있다.

그런데 왜 오차가 생길까? 거래시간의 차이, 유동성 부족 등으로 일시적인 가격차이가 발생하게 된다. 괴리율이 0%가 가장 완벽하겠지만 실제로는 어려운 것이며 1% 내외의 범위가 이상적이다.

일반적으로 괴리율이 큰 상품은 좋지 않다. 유동성이 높은 종목보다는 낮은 종목에서 발생할 가능성이 높다. 따라서 ETF 투자에서는 거래량과 유동성 그리고 괴리율을 확인해야 한다. 괴리율이 비정상적으로 높고 이런 현상이 오래 지속되는 ETF는 거래를 안하는 게 유리하다.

ETF는 필연적으로 이러한 괴리율이 발생한다. 예를 들어서 TIGER 차이나전기차 SOLACTIVE에 포함된 구성 종목들(비야드, 베이징이스링, 강평리튬 등)이 주식 시장에서 상승마감했으면 순자산인 NAV도 상승하게 되는 것이다. 이론상 NAV와 시장 가격이 일치해야 하지만 ETF는 주식처럼 장중에 언제든지 살고 팔 수 있기 때문에 NAV와 시장 차이가 발생한다.

요약하면 'ETF 주가가 NAV보다 높다면 고평가고 낮다면 저평가인

것'이므로 따라서 ETF에 투자할 때는 늘 NAV를 확인하고 거래해야
한다.

TIGER 차이나전기차 SOLACTIVE

날짜	종가	NAV	괴리율	추적오차율	위험평가액 비율
2022.01.13	16,370	16,635	-1.59%	4.57%	N/A
2022.01.12	16,685	15,983	+4.39%	4.66%	N/A
2022.01.11	16,015	16,199	-1.14%	4.66%	N/A
2022.01.10	16,210	16,391	-1.10%	4.66%	N/A
2022.01.07	16,500	16,649	-0.90%	4.66%	N/A
2022.01.06	16,605	16,784	-1.07%	4.66%	N/A
2022.01.05	16,795	17,499	-4.03%	4.67%	N/A
2022.01.04	17,455	17,842	-2.17%	4.69%	N/A
2022.01.03	17,870	17,833	+0.21%	4.73%	N/A
2021.12.30	17,730	17,687	+0.24%	4.74%	N/A

* NAV는 ETF의 순자산가치로, 이론적인 적정가격에 해당합니다.
* 괴리율은 NAV와 시세의 차이를 나타내는 지표로, 시세가 고평가 또는 저평가 되었는지를 보여줍니다.
* 추적오차율은 기초지수를 얼마나 잘 수익하는지 보여주는 지표로, 작을수록 ETF가 잘 운용된다고 볼 수 있습니다.
* 일부 ETF는 추적오차율이 제공되지 않습니다.
* 위험평가액 비율은 합성 ETF에 대해서만 제공되며, 5%를 넘어설 경우 위험하다고 볼 수 있습니다.

출처 : 네이버 금융

ETF 02
알면 돈이 되는
ETF 용어

어느 전문분야든 입문하려면 공부가 필요하고 그중 가장 기본이 그 분야의 용어다. 그 분야의 용어를 알면 일단 사람들과 대화가 통한다는 말이 있을 정도로 중요한 사항이다. 그러나 우리는 항상 낯선 용어를 귀찮아하고 힘들어한다. 전문가의 입장에서 설명된 용어는 어렵다. 따라서 사람들은 흔히 싫증을 느끼고 쉽게 포기하기도 한다.

앞서 NAV에 대해 알아봤다. ETF를 거래 시에는 거래 시간대도 확인하라는 말이 있다. 장 전과 장 시작 5분 후(09:05) 그리고 장 마감 직전 동시호가(15:20~15:30)에 거래하면 적정가격보다 비싸게 매수할 수 있는 ETF의 특성 때문이다. LP는 ETF의 가격이 NAV(순자산가치)와 크게 차이가 나지 않도록 유지해주는(호가를 제출하는) 역할을 한다. 그러나 장 마감 10분 전부터는 LP가 호가를 불러주어야 할 의무가 없다. 기초 자산인 주식 또는 주가지수 가격을 이용할 수 없는 경우(시가 결정 후 5분간, 기초주식의 단일 호가 접수 시간 등)에는 LP의무가 면제된다. 이 시간대에 거래하면 NAV(순자산가치)와 차이가 나는 가격에 ETF를 매수할 위험이 있다.

LP는 Liquidity Provider의 약자로 우리말로 유동성 공급자라고 부른다. 말 그대로 유동성을 공급하는 사람인 것이다. LP를 통해서 ETF 거래가 언제든 원활하다. 자유롭게 ETF를 거래할 수 있도록 도와주는 역할을 하는 것이다.

LP의 역할은 두 가지다. 첫째는 유동성 공급이다. 거래가 많아 유동성이 높은 종목은 LP가 제출한 호가 외에 주문자의 호가도 많아 현재가에 가까운 가격의 호가가 많이 제출된다. 반면에 거래량이 매우 적어 유동성이 낮은 ETF라도 LP가 제출하는 호가가 존재해서 항상 거래가 가능하게 한다.

둘째는 가격괴리 발생방지의 역할이다. LP의 또 다른 기능으로 ETF 시장 가격이 NAV에서 벗어나는 가격 괴리현상이 발생하지 않도록 적정한 호가를 제출하면서 ETF가 적정가격을 유지하도록 도와주는 것이다.

즉, iNAV를 기준으로 매도호가가 너무 높거나 매수호가가 너무 낮으면 ETF 시장 주가는 iNAV와 크게 벌어질 수 있으므로 LP는 iNAV에서 호가를 제출해서 ETF 시장 가격이 비정상적으로 되는 것을 막아 적정가격을 유지하도록 한다.

ETF 거래에서 LP의 역할은 중요하며 증권사에서 담당하고 있다. 거래소에서도 가격괴리가 크게 발생하지 않도록 LP들이 매수호가와 매도호가의 가격차이를 의미하는 호가 스프레드를 일정한 범위 내에서 유지되도록 관리하고 있다. 이 스프레드를 다시 매수호가로 나눈 값을 스프레드 비율이라고 한다. 스프레드 비율이 커지는 경우에도 LP는 매수와 매도 양쪽 방향으로 호가를 제출할 의무가 생긴다. LP는 이렇게 ETF의 거래를 도와주는 딜러라고 할수 있다.

ETF 시장 구조

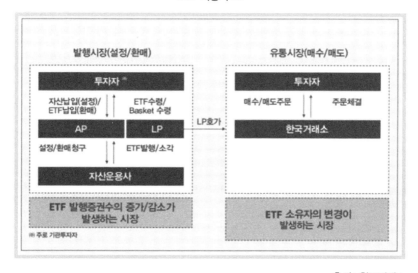

출처 : 한국거래소

ETF 발행 시장에 관여하는 AP

ETF에는 유통 시장과 발행 시장이 있다. 유통 시장은 우리가 일상적으로 증권사를 통해서 ETF를 매수매도하는 시장이다. 발행 시장은 설정과 환매로 ETF 수량의 변경이 발생하는 시장이다. '설정'은 기관 투자자가 펀드에 투자 자금을 불입하고 ETF 증권을 새로 발행하는 것으로 주식 시장의 유상증자와 유사한 개념이고, '환매'는 기관 투자자가 투자했던 펀드의 자금을 회수하고 ETF 증권을 소각하는 것으로 주식 시장의 감자와 유사한 개념이다.

ETF의 유통 시장에 LP가 있다면, ETF의 발행 시장에는 AP가 있다. 다음 도표의 왼쪽 발행 시장을 보면 기관 투자자와 자산운용사 사이에 AP와 LP가 있다.

우리가 ETF를 거래하면서 AP를 접할 일은 거의 없지만 알아두면 ETF에 대한 이해의 폭이 커질 것이다. AP는 Authorized Paticipaant의 약자로 우리말로 '지정참가회사'라고 부른다. 여기서 AP는 발행시장의 기관 투자자와 자산운용사 사이에서 ETF 증권 수를 증감시키는 설정과 환매 업무를 대행하는 증권사다.

ETF 발행 시장에서 신규 상장되는 ETF가 거래될 수 있도록 설정하거나 환매할 때 주로 역할을 수행한다. ETF를 매수하겠다는 투자자가 많을 경우에는 추가로 설정해주거나 대규모 매도 시 환매를 도와주는 AP의 역할이다.

최소 거래단위 CU

CU(Creation Unit)는 최소수량으로 집합 투자가 정한 '설정 단위'라고 한다. 앞서 설명한 것처럼 ETF는 발행 시장에서 설정과 환매가 이뤄진다. 이때 설정과 환매가 가능한 최소 거래 단위를 1CU라 한다. 증권사가 설정과 환매를 위해 가지고 있던 주식으로 CU라는 단위를 만들고, ETF 운용사가 설정과 환매를 요청할 때마다 1CU라는 단위를 주고받는 것이다.

CU라는 이런 설정 단위가 존재하는 이유는 ETF가 추정하고자 하는 포트폴리오를 구성하는데 최소 자금이 필요하기 때문이다. 잦은 설정과 환매를 막아 ETF 운용상의 안정성을 도모하기 위해서인 것이다.

실제로 국내 ETF의 1CU 평균금액은 2억~5억 원 수준으로 형성되어 있어 자주 설정과 환매를 하기에는 조금 무리가 있다. 그리고 1CU의 좌수나 발행조건 등은 운용사가 자율적으로 정하게 되어있으며 이 부분 역시 운용사 홈페이지를 통해 한눈에 확인할 수 있다.

ETF 03
절세계좌에서
ETF 투자하기

노후자금 마련과 같은 장기 투자에서 빼놓지 않고 언급되는 것이 복리효과다. 복리효과란 투자 원금에서 발생한 수익에 수익이 또 더해지면서 투자 기간이 늘어날수록 투자금이 기하급수적으로 증가하는 것이다. 따라서 제대로 된 복리효과를 얻으려면 투자 기간이 길어야 하고, 중간에 돈을 인출해서 쓰지 말아야 한다. 이 밖에 세금이 복리효과에 미치는 영향도 무시할 수 없다.

이 같은 점을 고려하면 연금계좌(연금저축, IRP)야말로 복리효과에 최적화된 금융상품이라고 할 수 있다. 우선 적립 기간이 최소한 5년 이상 돼야 하고 55세가 지나야 연금을 수령할 수 있다. 그리고 연금 이외에 다른 방법으로 적립금을 인출하면 상대적으로 세부담이 큰 기타소득세(세율 16.5%)를 부과함으로써 되도록 중도에 돈을 인출하지 않도록 하고 있다. 게다가 운용수익에 대한 과세를 수령시점까지 미룰 수 있도록 해서(과세 이연) 복리 효과를 극대화할 수 있다.

일반 금융상품의 경우 매년 결산 때마다 이자소득과 배당소득에 대한 소득세(15.4%)를 납부해야 한다. 이렇게 세금을 떼고 남은 금액만 재투자하면 그만큼 복리 효과는 줄어들 수밖에 없다. 하지만 연금계좌에서는 이자와 배당수익이 발생해도 인출할 때까지는 세금을 부과하지 않는다. 이렇게 되면 투자 수익을 고스란히 재투자할 수 있기 때문에 훨씬 빠른 속도로 적립금이 불어나게 된다.

그러면 실제 운용수익에 대한 과세 이연 효과가 있다. 연금을 수령하는 동안에도 운용수익에 대해서는 과세하지 않고 인출금액에 대해서만 연금소득세(3.3~5.5%)를 부과한다. 따라서 일반 금융상품에 투자해서 매년 이자와 배당에 15.4%의 세금을 납부하는 것에 비해 세부담이 적다.

아울러 연금계좌를 이용하면 금융소득종합과세도 피할 수 있다. 연금계좌에서는 운용수익을 찾아 쓰기 전까지는 소득세를 전혀 납부하지 않으므로 금융소득종합과세를 피할 수 있다. 연금을 수령하는 기간에도 운용수익과 세액공제받은 원금에서 인출한 금액이 1,200만 원을 넘지 않으면 다른 소득과 합산하지 않는다.

연금계좌가 가진 과세 이연 효과는 해외 펀드에 투자할 때 더욱 배가된다. 국내 펀드에서 얻은 주식매매(평가)차익에는 배당소득세가 부과되지 않지만, 해외 펀드 투자에서 얻은 매매(평가)차익과 환차익에는 배당소득세(15.4%)가 부과된다. 게다가 이 같은 배당수익이 연간 2,000만 원 이상이면 금융소득종합과세를 당할 우려도 있다. 하지만 연금계좌 내에서 해외 펀드에 투자하면 이 같은 걱정을 덜 수 있다.

앞서 살펴봤듯이 연금계좌에서 발생한 수익은 그 종류와 크기에 상관없이 수익을 인출해서 사용하기 전에는 세금을 부과하지 않기 때문이다.

과세시기만 뒤로 미루는 것이 아니라 인출할 때 세 부담도 적다. 연금계좌를 중도에 해지하면 그동안 발생한 운용수익에 기타소득세(16.5%)가 부과되지만, 이를 55세 이후에 연금으로 받으면 비교적 낮은 세율(3.3%~5.5%)의 연금소득세가 부과된다. 통상 이자소득이나 배당소득에 15.4%의 세금이 부과되는 것과 비교하면 절세 효과가 상당하다고 할 수 있다.

하지만 퇴직급여를 연금계좌에 이체하면 이 같은 걱정을 덜 수 있다. 연금계좌에서 퇴직급여를 운용해 이자나 배당소득을 얻었다 하더라도 이를 찾아 쓰기 전까지는 소득세를 납부하지 않아도 되기 때문이다. 당연히 금융소득종합과세를 걱정할 필요도 없다. 그리고 운용수익을 55세 이후에 연금 수령 한도 내에서 찾아 쓰면 낮은 세율의 연금소득세만 내면 된다. 따라서 퇴직자들이 연금계좌를 잘만 이용한다면 평생 퇴직급여를 넣어두고 운용하면서 절세도 하는 절세통장으로 활용할 수 있다.

연금저축계좌와 IRP 요약

구 분	연금저축	IRP
연금수령조건	가입 기간 5년 이상, 만 55세 이후 10년 이상의 기간에 걸쳐 수령	
연금수령시 세금	연금소득세(3.3% ~ 5.5%)	
중도 해지시 세금	기타 소득세 16.5%, 세액공제 받지 않는 금액 비과세	
납입한도	두 계좌 합산 연간 1,800만 원	
안전자산 요건	없음	안전자산 30%
가입자격	누구나	소득 있는자(근로자,자영업자,직역연금 가입자) *직역연금·공무원연금법,사립학교교직원연금법, 군인연금법 및 별정 우체국법에 의해 지급되는 연금

※ 연금저축은 개인이 안정적인 노후생활 준비를 위해 자발적으로 가입하는 제도
– 세액공제 혜택을 가지고 있는 대표적인 노후대비 금융상품

※ IRP(Individual Retirement Pension) : 개인형 퇴직연금
– 근로자의 퇴직금을 자신 명의의 퇴직 계좌에 적립해 연금 등 노후자금으로 활용할 수 있게 하는 제도

국내 ISA계좌 유형 및 특징

구 분	중개형	신탁형	일임형
투자 방식	투자자의 직접운영	투자자의 운용지시	은행·증권·보험사 일임 운영
온라인 가입	가능	불가	가능
보수	개별상품 보수	신탁보수 + 개별상품 보수	일임 수수료 + 개별상품 보수
투자 가능 상품	공통 : 펀드(ETS)·리츠·ELS·DLS·RP		
	국내상장 주식 신주 인수권	예적금	예적금
적합고객 유형	주식·ETF 직접 투자 선호	단일상품 확정금리 선호	포트폴리오 투자 선호
세제혜택	만기시 과세소득 손익통산 후 200만 원까지 비과세 (초과시 9.9% 분리과세)		
만기 및 납입한도	3년/연 2,000만 원(이월 적립 가능)		
가입조건	19세 이상 거주자(소득이 있을 시 15세 이상 가능)		
중도인출	납입 원금 한도 내에서 자유롭게 인출 가능		

출처 : 금융투자협회

ISA(Individual Savings Account)는 '개인종합자산관리계좌'라고 한다. ISA계좌는 예금, 펀드, 주식,파생금융상품 등 여러 금융상품을 하나의 계좌에 통합 관리할 수 있는 계좌다.

기존의 상품이 일반과세 방식인데 비해서 ISA는 손익통산 방식이어서 추가적인 세제혜택이 있다. 2021년 출시한 중개형 ISA는 주식과 ETF에 투자자의 직접 투자가 가능해서 주식 매매에 자유로워 만능의 절세형 ISA계좌라고도 할 수 있다.

ETF 04
지수 추종 레버리지
활용하기

초보자들이 처음 투자할 때 대한민국 우량기업에 투자를 해서 돈을 많이 벌겠다고 생각한다. 그러나 주식 시장에서도 돈을 버는 것보다 돈을 지키는 것이 중요하다. 사실은 돈을 지키는 일이 더 우선이어야 한다. 우리가 종일 일해서 받는 돈은 8만 원 내외지만, 8만 원을 쓰는 데는 한 시간도 안 걸린다.

그렇다고 은행에 예금으로 예치하면 원금을 잃지 않는다고 생각할 수 있다. 그러니 돈을 지키는 방법이라고 생각하는 분도 많다. 이것은 반은 맞고 반은 틀린 이야기다. 금리가 인플레이션을 따라가지 못해서 결국은 원금 손실이 되는 것이기 때문이다. 예전 금리가 높은 시대에나 가능했던 일이다.

그래서 대한민국의 우량기업에 투자를 하고 있다면 일단 옳다. 그러나 세상에 영원한 기업은 없다. 좋든 싫든 그것이 진리인 것 같다. 다만 수명이 긴 나무도 있고 그렇지 않은 나무도 있다. 무엇보다 적자 생존에서 살아남아야 하고 그리고 혁신에 혁신을 지속하는 기업만이 오래간다.

현재 우량기업에 장기 투자를 해도 확신이 안 갈 수 있다. 삼성전자와 같은 우량기업의 주가의 변동성에 공포를 느끼고 일류기업 삼성전자를 삼류기업으로 생각할 정도 아닌가.

일반 투자자가 수익을 얻기 위해서는 장기 투자가 답이라고 하는데 그것도 맞다. 그러나 장기 투자도 무조건적인 장기 투자가 답일까 의문이 생긴다. 그래도 건전한 투자에 박수를 드린다.

필자는 자칭 주식전문가인 지인을 따라 급등주로 주식을 따라 하게 되었다. 그리고 그것을 주식 투자로 생각했다. 그동안 상장폐지도 겪었고 투자금도 손실을 입었다. 10년 동안 시가 총액 상위권을 유지하는 기업은 절반도 되지 않았다. 상반기에 10위권으로 주식시장의 돌풍을 일으켰던 셀트리온은 15위권으로 내려갔다.

미국기업은 한국기업보다 다이나믹하다. 10년 동안 시가총액 상위권을 유지하는 기업은 애플과 마이크로소프트 2개 기업 뿐이다. 개별 기업이 가진 위험도가 크다는 것을 볼 수 있다.

이런 근거로 판단할 때 개별 우량기업보다는 결국은 성장하는 시장에 투자하는 것이 잃지 않는 투자라고 생각된다.

국내기업 10대 기업 변동

순위	2000년	2011년	2021년
1	삼성전자	삼성전자	삼성전자
2	SK텔레콤	현대차	SK하이닉스
3	KT	POSCO	삼성바이오로직스
4	한국전력	현대모비스	NAVER
5	POSCO	기아	LG화학
6	KT&G	LG화학	현대차
7	기아	삼성생명	삼성SDI
8	현대차	한국조선해양	카카오
9	삼성전기	신한지주	기아
10	삼성증권	한국전력	POSCO

레버리지란 무엇인가?

영어로 레버리지(Leverage)란 지렛대를 의미하고 지렛대 효과를 말한다. 누구나 아는 것처럼 지렛대를 이용하면 실제 힘보다 몇 배 무거운 물건을 움직일 수 있다. 금융에서는 실제 가격변동률보다 몇 배많은 투자 수익률이 발생하는 현상을 지렛대에 비유해서 레버리지로표현한다.

일반적으로 아파트를 구입할 때 많이 활용한다. 5억 원인 아파트를 4억 원의 전세를 안고 자기자본 1억 원으로 매수를 했다면 투자 레버리지는 5배가 되는 것이다(5억 원/1억 원). 건설회사에서도 아파트를 건축하기 위해서 자기자본 외에 금융권에서 PF(Project Financing)를 발생시켜 필요한 토지 매수 및 건축자금으로 활용하는 것도 이와 같은 것이다. 투자 대비 사업수익률을 극대화하는 것이다. 건설사에서도 회사

내 자본이 많은 회사도 신규 아파트나 주상복합아파트 등을 건설 시 레버리지를 이용한다.

　필자는 재개발 사업으로 많은 건설사들과 사업협상을 할 수밖에 없었다. 건설사에서 재무제표를 제출받아 보면 대비책으로 유보금이 많다는 알 수 있다. 큰 규모의 아파트 신축 후 이익금 등으로 규모가 크다. 모든 건설사가 그렇다는 것은 아니다.

　더욱이 시행사가 주체가 되어 시공사인 건설회사에 수주를 주는 경우에는 유의 할점이 많다. 일단 시행사는 자본금이 없다. ALL PF 대출인 것이다. 즉 거의 100% 레버리지인 경우가 많다.

　이 경우에는 시행사도 위험하지만 실제로 일반 주민들은 평생의 전 재산을 날리고 집도 날려서 길바닥에 나앉을 수 있다. 나는 이것은 투자가 아니고 투기라고 생각한다.

　레버리지는 자본을 빌려와 내 자본 대비 수익률을 극대화하지만 그만큼 손실이 클 수 있어 레버리지는 양날의 검이라고 할 수 있다.

　흔히 사람들은 토지(주택 등)를 매도하면 미련하다고 하며 건물을 신축한 후 매도해서 가치를 높여야 팔아야 한다고 말한다.

　지인 중 한 분은 정년퇴직 후에 본인의 토지에 오피스텔을 건축해서 분양 및 임대해 큰 수익을 내고 자녀에게도 수입원을 마련해주고 싶었다. 큰 규모의 토지는 있으나 대부분의 직장인들이 유동자금은 없기 마련이다. 그러다 은행에 PF대출이라는 것이 있다는 것을 알게 되었다. 이것은 돈을 빌려줄 때 자금조달의 기초를 프로젝트를 추진

하려는 사업주의 신용이나 물적담보에 두지 않고 프로젝트 자체의 경제성에 두는 금융기법. 특정 프로젝트의 사업성(수익성)을 평가해서 돈을 빌려주고 사업이 진행되면서 얻어지는 수익금으로 자금을 되돌려받는 방식이다.

그분은 일반인으로서 오피스텔 신축사업으로 고생은 많았지만 레버리지를 이용해서 큰 성공을 이루었다. 입지전적인 인물이다. 그러나 누구나 레버리지를 이용해서 부자가 될 수 있다고 생각해서는 안 된다.

개인이 부채를 사용해서 레버리지가 높은 투자를 하는 것은 결코 바람직하지 않다. 특히 주식과 같이 리스크가 높은 투자에서 레버리지를 통해 리스크를 더욱 확대한다는 것은 건전한 투자를 넘어 사실상 투기라고 할 수 있다. 개인의 투자는 부채 없이 여유자금으로 하는 것이 원칙이다. 또한 레버리지를 높이기 위해 사용한 부채에는 이자 부담이 수반된다는 점도 기억해야 한다.

지수 투자 레버리지를 활용하라

주식에서 레버리지라고 하면 신용/미수 증거금 형태다. 신용으로 거래할 경우 투자 원금보다 더 많은 손실을 볼 수도 있다. 그러나 지수 레버리지 ETF 투자에는 이런 위험이 존재하지 않는다. 최대로 손실을 보아도 투자한 원금만큼 손해가 난다. 레버리지의 장점은 살리고 변동성과 위험성을 낮춘 혁신적인 금융상품인 것이다.

레버리지 상품에 대한 투자는 내 전체 자산의 5~10% 내에서 투자하는 것이 중요하다. 레버리지 ETF는 국내 개인 투자자들이 가장 많이 하는 투자하는 ETF 중 하나다. 대표적인 것으로 미국의 나스닥지수 3배 레버리지 TQQQ, S&P500지수 3배 레버리지 SPXL, S&P500지수 3배 레버리지 UPRO 등이 있고 국내에는 KODEX 레버리지, KODEX 미국나스닥100레버리지ETF 등이 있다. TQQQ는 서학개미 투자 순위 1위를 기록하기도 했다.

앞서 살펴봤듯이 불확실성이 많은 개별 주식이 아닌 시장 지수에 레버리지 투자는 결과적으로 우상향하는 지수를 추종하므로 가장 안정적이고 수익률이 높은 투자 방법이다.

야수의 심장이 아니어도 지수에 투자에 대한 신념이 있으면 레버리지 투자에도 관심을 가져보자.

ETF 05
해외 부동산 리츠 ETF를 활용하라

인컴형 ETF는 꾸준한 현금 흐름이 창출되는 ETF라는 의미다. 인컴형은 크게 세 가지 종류로 구분할 수 있다.

1. 배당주 ETF

배당주 ETF는 말 그대로 국내/글로벌 배당주에 투자하는 ETF다. 배당주의 배당 수익뿐만 아니라 주식이 포함되어 있기에 주식의 가격 상승에 따른 추가적인 수익도 얻을 수 있다는 특징이 있다. 하지만 추가 수익을 얻을 수 있는 만큼 상대적인 변동성도 크다. 그리고 리츠 ETF와 채권형 ETF는 매매차익에 대해 과세가 이뤄지고 있지만, 국내 배당주 ETF의 경우에는 매매차익에 대해서 과세가 이뤄지지 않는다는 것이 다른 ETF와의 차이점이다. 그리고 제일 궁금해하실 분배금의 지급 시기는 ETF가 보유하고 있는 주식들의 배당금이 나오고 난 다음에 지급된다고 생각하면 된다.

2. 채권형 ETF

채권형 ETF는 국채/회사채 등 채권에 투자하는 ETF다. 주요 수익원은 이자 수익이다. 채권형 ETF는 대표적인 저위험 ETF로 꼽힌다. 채권형 ETF는 채권의 이자 지급일에 따라 바뀌는 ETF도 존재한다. 같은 채권형 ETF더라도 분배금 지급이 다른 경우가 있으니 꼭 ETF 투자 설명서나 증권사 홈페이지에서 '투자 신탁분배금의 지급' 항목을 확인하고 투자하는 것을 권장한다.

3. 리츠 ETF

리츠는 생소하게 느끼실 분들도 계실 것이다. 먼저 리츠(REITs)란 투자자로부터 자금을 모아 부동산 혹은 동산 관련 자본/지분에 투자하고 그 수익을 다시 투자자에게 배당하는 부동산 간접 투자를 말한다. 한국에는 2002년에 도입되어 그 규모를 점점 넓혀 나아가고 있다. 리츠 ETF 역시 리츠에 투자하는 ETF다. 현재 한국에 상장되어 있는 리츠 ETF는 국내에 상장된 리츠와 고배당 주식이 혼합되어 있는 ETF가 있고, 리츠와 채권을 혼합해서 투자하는 ETF 그리고 해외 리츠 등이 있다.

정년퇴직자들이 꿈꾸는 것이 있다. 정년이 없는 평생 현역으로 사는 것이다. 개인 창업도 있지만 우리가 꿈꾸는 경제적 자유는 '일하지 않아도 월급처럼 고정적인 수입이 들어오는 것'이다. 워런 버핏의 "잠자는 동안에도 돈이 들어오는 방법을 찾아내지 못한다면 당신은 죽을 때까지 일을 해야만 된다"와 같은 말이다. 영국 속담에 "부자가 되려면 부자에게 점심을 사라"는 말이 있다. 이 말은 부자가 되고 싶다면 부자를 따라 하라는 뜻이다.

인컴형 ETF에는 매월 배당을 지급하는 상품이 많다. 평생 현역으로 사는 것을 가능하게 하는데 가장 적합한 상품이다. 이것을 알게 된 사람은 행운아라고 할 수 있다.

인컴형 ETF를 통해서 안정적인 수익을 위해서는 적립식 투자를 장기적으로 유지할 때 더욱 큰 효과를 얻을 수 있다.

조물주 위에 과연 건물주인가?

정년퇴직자들은 건물 하나 갖고 월세 받으며 생활하는 것이 로망이다. '조물주 위에 건물주'라는 말이 나온 것도 다 이유가 있는 것이다. 직장인에게 "지금 하고 있는 일에 만족합니까?"라는 질문을 던졌을 때 "만족합니다"라고 대답할 수 있는 사람은 얼마나 될까? 그다지 많지 않을 것이다.

스콧 딘스모어(Scott Dinsmore)는 주변 사람들의 80%가 "자신의 일을 좋아하지 않는다"라고 대답했다고 전한다. 우리는 왜 이 질문에 긍정적인 답을 하지 못할까? 지금까지 우리는 누군가가 설정해준 방향으로 살아왔기 때문이다. 예전에는 무슨 일을 하고 싶냐는 질문에 쉽게 대답하게 말하는 게 명확했는데 막상 직장인이 되고 호봉 수가 높아지면서 점점 알수 없게 된다.

그러나 직장인에게 "무엇이 되고 싶냐?"라고 물어보면 많은 직장인이 바로 "건물주를 꿈꾼다"라고 말한다. 요즘은 많은 젊은이들의 꿈 조차 건물주라고 한다. 10년 뒤에 건물주가 되리라 하고 마음속으로 다짐하고, 버킷리스트에 추가한다. 자영업자 분들도 열심히 벌어서 언젠가 상가나 건물을 매수해서 직접 내 상가에서 장사를 하면서 더 먼 미래에는 월세 받고 편히 사는 것을 꿈꾼다.

하지만 건물주라고 마냥 편하고 즐겁게 사는 건 아니다. 조물주 위에 건물주라는 말은 끝났다. 점점 옛말이 되어가는 것이다. 이제는 건물주는 극한직업이라는 말이 있다.

필자는 직장을 다니면서 상가와 오피스텔 임대사업을 했었다. 몇 개월의 임대료를 못 내는 점포가 겨울 강추위에 수도관이 터져나가고 공실도 생긴다. 20년 전에 해당하는 임대료를 받아도 임대료 인하해 달라 하기도 한다. 오피스텔은 세입자가 해야 할 부분도 고쳐달라 전화에 밤잠을 깨어 전화벨 소리에도 스트레스를 받았다. 법에 대해 잘 아는 변호사도 머리가 지끈지끈하고 밤이면 스트레스를 받는다고 한다. 세입자들은 직장에서 퇴근해서 밤늦게 전화하는 것이 대부분이다.

구입할 때 레버리지로 은행에서 빌린 돈은 매월 내야야 하고 일 년 마다 대출이자 약정을 하면서 인상을 한다. 그리고 지금은 나날이 늘어가는 보유세 등으로 임대료로는 감당이 안되어 급여에서 해결을 해야 했다.

또 건물이 노후화하면 건물을 철거하고 방법을 모색해야 한다. 이때 명도는 건물주를 황폐화하게 한다. 명도비용으로 해당 점포 면적 시세의 3배 이상을 요구하기도 한다. 땅 매도 예정가의 3배다. 배보다

배꼽이 크다. 욕망의 밑바닥을 보려거든 잘 선택하시라. 내 욕심 앞에 상대방은 없다.

사람은 보통 과거의 익숙한 성공사례는 믿음직하다. 그래서 현재의 실패사례는 안 들으려 한다. 이제 멀리 갈 필요도 없이 텅텅 빈 건물 유리창에 붙은 '임대문의'를 어렵지 않게 볼 수 있다. 물론 규모의 경제를 갖춘 자산가라면 버티면 그만이니 문제가 되지 않겠지만, 주식투자에 비유해 개미 투자자라면 외줄 타기를 하는 서커스 모습일 수도 있는 것이다.

해외 부동산 리츠 ETF를 활용하라

직접 소유하는 건물주의 시대는 지나고 있다. 그러면 이제는 매월 월세를 받고 평생 현역으로 사는 방법은 없을까? 그 답은 고정 수익을 주는 리츠 또는 부동산에 투자하는 ETF다. 글로벌 전반적으로 유동성이 확대되는 시기에서 실물자산의 가치가 높아지고 특히 부동산의 가치 상승이 두드러지게 된다.

대표적으로 VNQ(Vanguard Real Estate) ETF와 SCHH(Schwab US REIT) ETF 등이 있다. 개별주로는 상업용 부동산 포트폴리오를 소유하고 장기 리스하는 월배당주 리얼티 인컴(O)과 무선기지국에서 안테나 설치점을 임대하는 분기별 배당주 아메리칸 타워(AMT) 등이 있다.

글로벌 전반적으로 유동성이 확대되는 시기에서 실물자산의 가치가 높아지고 특히 부동산의 가치 상승이 두드러진다. 리츠(REITs)는 Real Estate Investment Trusts의 약자다. 부동산이나 부동산 관련 자본에 투자해서 발생한 수익을 투자자에게 배당하는 것으로 정년퇴직자가 주목하고 투자해야 할 ETF다. 모든 부동산 관리는 리츠사에서 관리한다. 임대인과의 관계 등으로 짧은 인생을 불행할 이유가 없다. 사람과의 관계가 점점 힘든 시대가 되어가고 있으니 말이다. 해외 부동산 리츠 ETF를 활용해서 정년이 없는 평생 현역으로 사시길 바란다.

ETF 06
투자에서 가장
어리석고 위험한 생각

《부자 아빠 가난한 아빠》에서는 일반 투자자와 부자 투자자의 차이점을 이렇게 말하고 있다. 일반 투자자는 ① 위험을 안지 마라. ② 분산 투자하라. ③ 부채를 줄이려 애쓴다. ④ 비용을 줄이려 애쓴다. ⑤ 일자리를 가지고 있다. ⑥ 열심히 일한다고 생각한다.

부자 투자자는 ① 위험을 감수한다. ② 한 곳에 집중 투자한다. ③ 부채를 활용한다. ④ 어떻게 비용을 늘려 더 부자가 되는지 알고 있다. ⑤ 일자리를 창출한다. ⑥ 덜 일하면서 더 번다. 일반 투자자의 꿈에도 소원은 이것이다.

1. 바닥에서 사고 꼭지에서 판다.
2. 주가가 오르면 더 오를 것을 생각하고 무리하게 매수한다.
3. 주가가 떨어지면 더 떨어질 것을 생각하고 손절한다.
4. 주가가 오르는 주식이 좋은 주식이라고 생각한다.

그러나 주식 차트 절대불변의 법칙으로 주가가 오르면 떨어지고 떨어지면 오른다. 그리고 좋은 기업의 주가는 내가 산 가격보다 더 오른다.

투자에서 가장 어리석고 위험한 생각

1. 내릴 만큼 내렸으니 더는 안 내려.

지금 바닥이야! 영화 〈작전〉에 나오는 유명한 대사가 있다. "바닥인 줄 알고 사는 놈들, 지하실 구경하게 될 겁니다." 이말 그대로다.

주식에는 바닥이 없다. 더 내려가다가 아예 휴짓조각이 되어버릴 수도 있다. 위기에 대비하기 위한 전략 중 하나가 '최악'을 예상하는 것이다. 하지만 그 예상을 믿어서는 안 된다.

현실은 언제나 가혹하다. 최악보다 더 최악이 올 수도 있다. 이걸 인정하는 것이 위기를 대비하는 시작이다.

2. 바닥에서 잡을 수 있어.

저점 매수는 투자자에게 인기가 높지만, 대게 낚이는 것은 주식이 아니라 투자자다. 주식을 바닥에서 잡으려는 시도는 떨어지는 칼을 잡으려는 행동과 마찬가지다.

칼이 땅에 꽂여 멈춘 다음 잡는 편이 낫다. 빠르게 떨어지는 주식을 잡으려다 보면 필연적으로 칼날을 잡게 되므로, 그 결과 뜻밖의 고통을 당하게 된다.

　단지 주가가 많이 내려갔으니 오를 것 같다는 이유로는 부족하다. 사업이 살아나는 모습을 실감해야 하고, 재무상태표를 확인해서 회사의 매출, 영업이익, 당기순이익 등의 변화 등을 확인해야 한다. 하지만 그런 경우에도, 주식을 바닥에서 살 수는 없다. 대게는 주가가 등락을 거듭한 뒤에야 다시 상승하기 시작한다.

3. 오를 만큼 올랐으니 더 오르지 못할 거야!

　주식에는 바닥도 없지만, 천장도 없다. 오를 만큼 오른다는 것은 없다. 기업이 이익을 보고 전망이 좋다면 주가는 계속 오른다.

4. 10달러까지 반등하면 팔아야지!

　피터 린치(Peter Lynch)의 경험으로는, 한 번 짓밟힌 주식은 우리가 오르면 팔겠다고 작정한 수준까지 회복되는 법이 없다. "투자자가 10달러까지 반등하면 팔아야지"라고 생각하는 순간, 이 주식은 9.75달러 바로 아래에서 몇 년 동안 횡보하다가 4달러로 떨어지고, 결국 1달러로 곤두박질칠 것이다. 린치는 이런 유혹을 느낄 때마다, 더 살 만큼 확신이 서지 않는다면 그 주식은 즉시 팔아야한다고 스스로 일깨운다.

5. 얼마나 더 기다려야 하나.

　횡보 끝에 폭등되는 사이클을 기다리고 기다리다 그 종목을 포기하고 헐값에 매도하면 그 다음 날부터 기다리던 멋진 일들이 터진다.

6. 사지 않아서 엄청 손해 봤네.

자신의 계좌를 남과 비교하지 마라. 다른 사람이 얻은 이익을 자신의 손실로 여기는 태도는 주식 투자에서 생산적인 태도가 아니다. 자신의 화만 키울 뿐이다. 이러한 사고방식이 나쁜 이유는 이로 인해 손해를 마련하겠다고 부화뇌동해서 주식을 매수하게 된다. 투자자들이 손실을 보는 것은 이러한 행동때문이다.

7. 주가가 올랐으니 내가 맞고, 주가가 내렸으니 내가 틀리다.

사람들은 주가가 오르면 자신의 지혜가 입증된 것처럼 기뻐한다. 하지만 사실은 전혀 그렇지 않다. 단지 운이 좋았을 수도 있다. 주식도 인생도 전형적인 복잡계다. 운의 영향이 크다. 그러니 한 번의 성공에 우쭐하지도 말고, 한 번의 실패에 좌절할 필요도 없다.

8. 동트기 직전이 가장 어두운 법이지.

사람들은 상황이 조금 나빠지면 더 이상 나빠질 리 없다고 생각하는 경향이 있다. 어떤 산업은 아예 회복하지 못하고 역사의 뒤안길로 사라진다. 동도 못 트고 아예 칠흑이 되어 버린다.

최악의 상황에서 절대 '지금이 최악'이라고 생각하지 마라. 바닥 밑에는 항상 지하실이 있다. 지하실 밑에는 또 그리고 또 지하실이 있다. 지하실이 한 100층 이상은 있는 것 같다.

증권사의 리포트를 보면 CJ CGV, 동원F&B, 코스모 신소재 등 "동트기 전 새벽이 가장 어둡다"라는 제목을 자주 볼수 있다. 동트기 전이 가장 어둡지만, 칠흑 직전이 가장 어두울 때도 있다.

9. 헐값인데 얼마나 손해 보겠어?

비싼 주식이든 헐값 주식이든 주가가 떨어지거나 휴짓조각이 되면 손해 보는 건 똑같다.

'겨우 몇 푼에 무슨 일이 있겠어?'라는 생각은 가랑비에 옷 적시는 법이다. 헐값도 손해는 손해다.

10. 꿩 대신 닭이라도 잡아라.

'제2의' 수식어가 붙은 기업이 성공하는 일은 별로 없다. 당연히 주식으로도 이득을 못 본다. 1등에 투자해야 한다.

11. 걱정 없어, 독점사업(예 : 한전)은 안정적이야.

세상에 안전한 주식은 없다. 어느 기업의 주식이나 상황과 전망이 변한다. 신경 끄고 살아야 하는 주식은 없다(신경 끄고 살고 싶으면 인덱스 펀드를 사자). 우리나라 한전이 대표적이다. 공기업이고 절대 망하지 않는 회사지만, 정권의 정책에 따라 내실이 나빠져 주가가 몇 년째 추락 중이기도 하다.

12. 주가는 반드시 회복한다.

파산하거나, 헐값이 인수당하거나, 주가를 회복하지 못하는 기업은 너무 많아서 일일이 댈 수도 없다. 인생은 바다의 파도와 같다라고 한다. 내려갈 때가 있으면 오를 때가 있다. 하지만 쉽게 오르는 일은 거의 없다. 특히 과거의 영광을 회복하기는 더욱 더 힘들다.

피터 린치의 투자 명언을 항상 기억하라. 성공한 부자에게서 우리는 배울 점은 반드시 있다. 특히, 린치는 월스트리트 사상 최고의 펀드 매니저로 꼽힌다. 그의 위대함은 간단히 수익률로 드러난다. 1977년부터 1990년까지 23년간 마젤란 펀드를 운용하며 연평균 29.2%의 수익률을 올렸다. 누적 수익률은 2,700%였다.

이것은 마젤란 펀드에 천만 원을 넣었다고 가정하면 13년 뒤 2억 7천만 원이 되었다는 말이다. 그는 이 뛰어난 실적만으로도 워런 버핏에 버금가는 투자의 신으로 불리고 있다.

그런 그가 저서 《전설로 떠나는 월가의 영웅》에서 반드시 버려야 할 12가지 생각을 거론했다. 주식 투자뿐만 아니라 인생에도 도움이 될 조언이라고 생각한다.

ETF 07
ETF로 하는
자산 배분

    자산 배분의 중요성은 누구나 공감하고 강조하는 것이다. "계란을 한 바구니에 담지 마라"와 같은 격언처럼 분산 투자를 해야 리스크를 줄일 수 있기 때문이다.

    최근에는 자산 배분에 대한 관심이 커지면서 ETF를 활용한 자산 배분 전략에 관심이 커지고 있다. ETF 종류와 투자 자산군이 다양한 미국 등 외국에서는 ETF를 활용한 자산 배분 전략이 흔히 활용되고 있다. 흔히 알려진 자산 배분 전략으로는 핵심 위성전략, 국가별 배분 전략, 위험·안전자산 구분 등이 있다.

    여기에 ETF 성격을 반영한 ETF 자산 배분 전략으로는 핵심 위성 투자, 생애주기 투자, 섹터 방향 투자, 대표지수 투자 등이 있다.

섹터 방향 투자 전략

섹터 방향 투자는 유망한 섹터 내 개별 종목에 투자하기보다는 유망 섹터 전부에 투자하는 전략이다. 섹터 ETF에서 해당 섹터 내 각 종목에 대해 분산 투자를 하고 있기 때문에, 투자자는 개별 종목의 이슈와 분석보다는 해당 섹터의 향후 전망에 대한 분석에만 좀 더 집중할 수 있는 있다는 장점이 있다.

섹터 ETF를 활용해 투자하는 방법으로는 방향성과 이벤트 투자가 있다. 특정한 섹터에 긍정적인 시장 전망을 기반으로 섹터 ETF에 투자하는 것이다. 이벤트 투자는 또 성과에 영향을 미치는 대내외적인 변수에 따라 시장 지수가 급락 또는 급등할 경우 시장 지수 추종형 ETF를 활용하듯이 특정한 업종에 영향을 미치는 뉴스나 정책에 따라 해당 업종 지수가 급등락하는 경우 섹터 ETF를 매매하는 것이다.

일반적으로 시장이 급등락하는 경우 보다는 개별지수가 급등락하는 경우가 훨씬 더 많이 발생하기 때문에 섹터 ETF를 활용해 더 많은 투자 기회를 누릴 수 있다는 장점이 있다.

섹터 ETF별 특성을 알자

1. 방어소비재(Consumer Defensive, 관련 ETF : XLP)
- 수요가 꾸준하고 매출이 꾸준하므로 이익 안정성이 높다.
- 경기의 영향을 적게 받는다.

−10개의 섹터 중 가장 배당금이 안정적이다.
−방어소비재의 비중이 높을수록 안정적인 배당을 기대할 수 있다.

2. 순환소비재(Consumer Cyclical , 관련 ETF : XLY)
− 방어소비재보다 경기에 따라 소비의 영향을 받는다.
− 브랜드 타워가 중요하다.
− 경쟁이 치열하다.

3. 금융(Financial Services , 관련 ETF : XLF)
− 금리에 민감하게 반응한다.
− 기술 발전에 영향을 크게 받지 않는다.
− 경제위기/금융위기에 큰폭으로 하락할 수 있다.
− 그 외에는 안정적인 배당을 기대할 수 있다.

4. 정보기술((Technology, 관련 ETF : XLK)
− 최근 가장 큰 폭으로 성장하고 있는 섹터 중의 하나
− 소수 공급자가 시장을 지배할 수 있다
− 경제위기/금융위기에 큰 폭으로 하락할 수 있다
− 그 외에는 안정적인 배당을 기대할 수 있다.

5. 헬스케어(Healthcare, 관련 ETF : XLV)
− 수명 연장과 고령화로 수요가 증가할 것으로 기대되는 섹터
− 꾸준한 배당 성장을 기대할 수 있는 섹터

6. 통신서비스(Communication Services, 관련 ETF : VOX)

- 전통적인 통신사업을 하는 기업과 최근 크게 성장한 OTT기업(예 : 넷플릭스)이 혼재되어 있다.
- 배당의 변동성이 매우 큰 편이다.
- 통신 서비스 업종의 절반을 구성하고 있는 페이스북, 구글, 디즈니가 배당을 지급하지 않고 있어서다.

7. 기초소재(Material, 관련 ETF : XLB)

- 전통 산업 위주로 화학 업종 비중이 높다.
- 경기 변동에 민감하게 반응한다.
- 수입으로 대체 가능하다.

8. 에너지(Energy, 관련 ETF : XLE)

- 원유 회사가 차지하는 비중이 높다.
- 수요가 크게 증가할 여지가 적다.
- 세계 정치/경제에 민감하게 반응한다.
- 경기 변동에 민감하게 반응한다.

9. 산업재(Industrials, 관련 ETF : XLV)

- 부가 가치가 낮은 제조업 위주의 섹터로 영업 이익률이 낮은 편이다.
- 경기 변동에 영향을 많이 받는다.

10. 유틸리티(Utilities, 관련 ETF : XLU)

- 에너지 섹터기 원유 기업 위주라면, 유틸리티 섹터는 전기, 가스, 수자원 기업이 포함된다.
- 독과점 기업이 많다.
- 신규 경쟁자 진입이 어려워 안정적인 이익을 기대할 수 있다.
- 성장성을 기대하고 투자하는 섹터는 아니나, 비중 1위인 넥스트라 에너지는 친환경 에너지 기업으로 주목해야 한다.

ETF 투자는 나누어서 함으로써 더 안정적인 수익률을 기대할 수 있다. 특히 자산 배분 효과는 장기 투자에서 더욱 빛을 발한다. ETF 자산 배분 전략에서도 볼 수 있듯이 어떤 종목에 투자하느냐보다는 어떤 성격의 주식형, 채권형, 현금성 자산 등에 얼마나 적절하게 배분했느냐가 장기 투자에 큰 영향을 미친다.

ETF 섹터별 특성을 알면 ETF 선별해서 투자 시에 큰 도움이 된다. ETF로 하는 자산 배분전략으로 성공하는 투자를 하시길 바란다.

ETF

5장

소액으로 많이 벌고 싶으면 ETF가 답이다

ETF 01
소액으로 많이 벌고 싶으면 ETF가 답이다

직장인들은 매월 월급을 받는다. 보통 월급쟁이의 급여 수준은 고만고만하다. 물론 호봉이나 직급에 따라 차이가 있겠지만 마찬가지로 빠듯하다.

아파트를 구입하고 또는 오피스텔에 소액 투자하고 은행에서 차입한 이자를 갚고 자녀교육비 등으로 마음의 여유가 거의 없다. 여유가 없다 보니 노후준비나 재테크는 염두에 둘 수가 없다. 직장인들에게 주는 월급은 생활에 최소한도로 주는 것이나 마찬가지다.

우리는 직급이 최정상급으로 높아져 월급이 많아지면 경제적으로 여유가 많아지고 더 많은 시간을 여가 시간에 사용하고 돈도 많이 모을 수 있을 것이라고 기대한다. 내가 지금 여유가 없고 시간에 쫓기듯 생활하는 이유는 경제적으로 여유롭지 못해서 그렇다고 생각한다. 물론 사람들에 따라서는 경제적인 문제가 시간에 쫓기며 생활하도록 만든 원인이겠지만, 일반적으로 돈을 많이 벌수록 시간적 압박을 더 받는다고 한다.

토론토 대학의 샌포드 드보(Sanford E. DeVoe)와 스탠포드 대학의 제프리 페퍼(Jeffrey Pfeffer)가 이런 직관에 반한 결론에 도달한 연구자들이다. 그들은 먼저 호주에서 2001년부터 이루어진 '가계수입과 노동 간의 역학조사' 자료를 확보해서 성별, 학력, 결혼 여부 등으로 조건을 통제해서 분석했다. 그 결과 수입의 크기와 시간적 압박감 사이에 정의 상관관계가 있음을 발견했다. 수입이 높을수록 시간적 압박감을 더 많이 느낀다는 것이다.

A씨는 직장 후배 B씨가 1억 원을 모았다는 이야기를 듣고 허탈했다고 술자리에서 이야기를 꺼낸다. 후배를 시기해서가 아니고 본인은 그동안 무엇을 했는지 부의 추월차선은 커녕 한 달 카드값에 은행 대출이자에 역주행하고 있었다고 인생 헛살았다고 한다.

현직에 있을 때 같이 근무했던 A씨는 필자에게 퇴직하신 분이 어떻게 비싼 새조개를 사줄 여유가 있느냐고 비결이 무엇이냐고 물어온 적이 있다. 필자는 역으로 질문을 던졌다. "노후 준비는 무엇으로 어떻게 하고 있지?" 무슨 벌써부터 노후준비냐는 마인드였다. 아직 정년 퇴직이 멀었다는 것이다.

지금까지 모아둔 돈은 0원이고 급여통장도 현재 마이너스라고 한다. 어머님 병원비와 처남 사업하는 데 보증을 잘못 서줘서 그렇다는 사정은 이해는 간다. 하지만 금융과 노후준비에 대한 마인드가 안 되어있다. 노후준비는 막연한 생각으로 들기도 하지만 바쁜 직장생활에 머릿속에서 잊히기 마련이다. 당장의 산적한 처리해야 할 업무가 직장인을 어떤 테두리 아래에 있게 한다. 생각은 있지만 생각을 못하는 것이 그들의 구조이고 현실이다.

퇴직 후에는 얼마나 찬 바람이 부는지 이해를 못한다. 일류대학을 나왔어도 금융교육을 받지 못했고 미래를 보는 혜안이 부족하다. 우리나라의 입시 위주, 암기 위주의 교육과 매달 나오는 월급에 빠져서 한달살이 삶으로 사는 것이다.

요즘 인터넷 커뮤니티에 보면 20대 후반도 1억 원을 모았다는 이야기가 들린다. 30대 초반에 몇억 원을 모았다는 소식을 접한다. 물론 주식으로 몇십억 원을 벌었다는 것은 예외로 하더라도 말이다. 그런 사회 초년생들이 대단한 사람들이라는 생각이 든다. 그들이 연봉이 많아서 즉, 수입원이 많아서가 아니다. 마인드만 바꾸면 가능하다.

이런 현실은 많은 직장인들이 비슷한 상황이다. A씨에게 "자네는 나이도 40대고 그동안 직장생활을 하면서 가정 형편 때문에 목돈은 모아두지 못했지만 앞으로 약 20년간 매달 수입원이 있으니 기회가 충분히 있네. 두말하지 말고 내 말대로만 하면 방법이 있어"라고 말하며 다독였다.

매매가 편리한 펀드- ETF

상장지수펀드 ETF란 특정 지수 및 자산의 가격 움직임과 수익률이 연동되도록 운용되는 인덱스 펀드를 거래소에 상장시킨 형태의 상품이다. 그런데 일반 펀드와는 달리 주식으로 간주되어 매매가 가능하다.

펀드처럼 가입했다가 만기가 되면 해지하는 방식이 아니어서 쉽게 매매를 할 수 있다. 거래소에 상장된 ETF는 주식의 성격을 갖게 돼 개별 주식처럼 편리한 매매가 가능하다. 세계 ETF 시장은 계속 커지고 있다. 최근에는 채권 ETF, 금 ETF 레버리지, 인버스 ETF 등 다양한 유형의 신규 ETF가 출시돼 국내 ETF 시장의 질적인 성장세를 이끌고 있다. 가장 많은 비중을 차지하고 있는 것은 코스피지수 등 대표지수를 추종하는 ETF며 섹터, 스타일별로 다양한 상품이 시장에 나와 있다.

개별 주식 투자에 성공하기 위해서는 해당 기업에 대한 면밀한 분석을 필요로 한다. 그리고 다양한 기업의 본질 가치를 제대로 분석하는 것은 해당 기업 및 산업에 대한 지식과 경험을 토대로 고도의 판단능력과 전문성이 요구되므로 일반인이 수행하기 쉽지 않다. 하지만 ETF에 투자하면 이런 고민을 할 필요가 없다. ETF는 시장 전체를 대표하는 '지수'에 투자하는 것이기 때문에 특정 종목 투자 시 발생하는 실패 위험에 대해서는 고민할 필요가 없다는 의미다. 대신 ETF가 추적하는 특정 자산의 성격과 향후 전망 등 장기 전망을 가지고 투자하게 된다.

예컨대 금 ETF에 투자하면 향후 금 가격 전망과 공급, 수요, 인플레이션 전망 등에 대해서 분석이 필요할 것이다. 또 펀드에 투자하면 설정환매 신청 시 발생하는 현금 유출입의 시차가 ETF에는 존재하지 않는다. 특히 해외 펀드의 경우 설정환매 주기가 길어 투자자의 의도와 매매 시점에 차이가 크게 발생할 수 있다. 그러나 해외 ETF에 투자했다면 시장에서 펀드의 순자산가치(NAV) 수준의 호가에서 장중 매수 및 매도 주문을 체결시켜 매매가 가능하기 때문에 시차에 따른 환매가격 변동에 대해 고민할 필요가 없다.

ETF 매매방식은 주식 거래와 동일한 절차로 진행된다. 투자자가 주로 거래하는 증권사에서 거래 계좌를 개설하고 자금을 입금한 후에 HTS, 전화 등 본인이 익숙한 방법으로 거래소를 통해 주문을 넣으면 된다. 매매 시 주문조건은 일반 주식과 동일하게 지정가, 시장가, 조건부 지정가 등을 선택할 수 있다.

또 ETF는 효율적인 분산 투자 및 낮은 거래비용, 높은 투명성 등 인덱스 펀드로써 투자 매력도 지니고 있다. 일반적으로 인덱스 펀드는 분산 투자를 통해 개별 주식의 위험을 최대한 줄이고 시장 위험만을 따르도록 설계되지만 최근에는 레버리지, 인버스, 상품, 채권과 같이 각양각색의 기초자산으로 구성된 기초지수의 성과를 추종하는 ETF가 출시되는 등 다양한 투자 기회를 살리는 상품으로 각광받고 있다.

ETF는 일반적인 펀드에 비해 운용 및 판매 보수가 매우 낮다. 국내 상장 ETF의 보수는 대략 0.5% 내외다. 국내 일반주식형 펀드의 평균 보수가 2% 수준이라는 점을 잘 아는 ETF 투자자는 매년 1% 이상의 투자 비용을 절약할 수 있다. ETF는 또 대규모 펀드를 작은 단위로 나눠 상장한 상품이기 때문에 최소 단위로 투자해도 분산 투자 효과가 발생한다. 예를 들어 KODEX200 1좌를 매수한 투자자는 우리나라를 대표하는 코스피200을 구성하는 기업에 모두 투자한 것과 동일한 효과를 기대할 수 있다. 국내 증시의 성장성에 투자하고 싶다면 ETF에 투자하는 것이 가장 저렴하게 분산 투자를 할 수 있는 방법인 셈이다. 또 매매 비용 역시 낮다.

소액으로 많이 벌고 싶으면 ETF가 답이다

ETF 1주당 가격은 적게는 몇천 원에서 최대 10만 원 정도까지 형성되어 있으며 1~3만 원에 투자가 가능하다. 미국 나스닥100, S&P500 ETF 그리고 미국 테크기업 TOP 10도 만 원 대에 살 수 있다. 미국 직접 투자 시에는 QQQ나 SPY 등은 몇십만 원에 매수해야 하는 금액이다. 그러나 해외 주식 소수점 투자를 할 수 있다. 이것을 미니스탁(Mini Stock)라고 한다. 소수점 투자가 가능한 증권회사가 20개로 확대 예정이며 카카오와 토스도 포함된다.

지금 주머니에 1만 원이 있으면 ETF 한 주를 사라. 증권사 계좌 없다면 만들자. 요즘은 스마트폰에서 증권사 계좌 비대면으로 손쉽게 만들 수 있다. 직장인은 투자할 돈이 없어서 못한다는 자기가 정한 한계를 넘어서야 한다. 월급날 무조건 우선적으로 투자금 따로 떼어내서 적립식으로 ETF에 투자하기 바란다. 이것이 자산가의 길로 가는 최고의 방법이며 부의 추월차선에 올라타는 방법이다. 소액으로 돈을 많이 벌려면 ETF가 답이다.

ETF 02
용돈으로
적립식 투자를 하라

어렸을 때 용돈을 받아서 어디에 썼나? 사람들은 대부분 그것을 기억하지 못한다. 그리고 기억이 나지 않는 만큼 사라진 돈이 되어 버린 지도 이미 오래다.

그때 돼지 저금통이라는 것이 있었다. 그리 비싸지는 않았지만 그 당시 우리 같은 초등학생들에게는 절대 작은 돈이 아니었다. 그리고 돈도 귀했던 시절이다. 그리고 그 돈이 있으면 사탕을 사먹기 바빴다. 그러면서도 필자는 초등학교 때 꾸준히 저축해서 졸업할 때 약 6천 원을 받았다. 용돈을 조금씩 모으다 보니 모으는 재미도 있다.

용돈을 모을 수 있는 습관이 만들어진 것은 돼지 저금통 덕이다. 저금통을 사려면 돈이 들었지만 어렵게 투자해서 문방구에 매달려 있는 돼지 저금통을 마련한 덕분이다. 이러한 사사한 것에서 부터 빈부 차이든 공부든 많은 것이 방향성을 달리해서 삶도 달라질 수 있다.

저금통이 신기해서 처음에는 이불 속에서 안고 잤다. 저금통이 생기니 우선 부모님이 10원짜리 지폐를 넣어주셨다. 1965년 초등학교 1

학년 학생에게는 거금이었다. 그리고 나도 용돈(동전)만 생기면 저금통에 넣었다. 거의 대부분 1원, 5원짜리 동전 또는 지폐 그리고 크게는 10원짜리 동전 또는 지폐다. 50원 동전은 벼가 익어 곡식이 되듯이 큰 돈이었다. 내가 어릴 때 돼지 저금통에 용돈을 모았던 동전과 지폐다. 때로는 군것질을 하고 싶어 저금통 밑에 있는 저금통 문을 열고 동전 한 개를 꺼내서 구멍가게에서 껌이나 쫀드기 등을 군것질거리를 사먹기도 했다. 소꿉장난하듯 코흘리개 용돈 옛 시절이 그리워서 인터넷에 찾아보니 추억 소환이 된다. 돈 공부 시간이니 옛날 돈 구경하는 것도 공부라고 생각되어서 소개해본다.

필자가 돼지 저금통에 저축할 당시 화폐

출처 : 인터넷 커뮤니티

저축습관 : 자녀의 증권계좌 만들기

자녀의 경제 교육이 중요하지 않다고 여기는 부모는 거의 없을 것이다. 그런데 아이들이 어려운 경제용어를 익히고 주식이나 펀드 강의를 들어야 경제 교육을 받는 것이라고 생각하는 부모들이 많다. 하지만 경제 교육은 생활 속에서 자연스럽게 이뤄져야 한다.

용돈은 저축이 가능할 만큼 주어야 한다. 또 저축 목표도 세워야 한다. 용돈은 자녀가 단순히 돈을 쓰는 것만이 아니라 돈을 모아서 큰돈을 만드는 경험을 갖게 하기 위해 주는 것이다.

필자가 어렸을 때 돈을 모으는 계기가 되었던 것은 돼지 저금통이었다. 저금통이 있고 없고의 차이가 인생에 큰 변곡점이 될 수 있다.

지금도 돼지 저금통이 유효하지만 증권계좌를 만들어주는 것이다. 스스로 용돈을 적립하고 용돈이 커지는 것을 보고 금융의 힘 그리고 자본의 힘을 배울 것이다.

어릴 적부터 돈을 관리하고 투자하는 법을 배워서 부자가 되는 습관을 가져야 한다. 우량한 대기업의 개별 주식도 좋겠지만 우리나라나 특히 미국의 시장 지수에 저축하면 그 아이가 커서 2~30년 후에는 우상향하며 증식되는 자본을 보유하게 될 것이다.

주식 투자는 빠르면 빠를수록 좋다. 13세에 주식을 시작한 워런 버핏도 좀 더 빨리 주식 투자를 못한 것이 후회가 된다고 하지 않았나. 자녀가 태어나면 증권계좌를 만들어주자. 백일선물, 돌선물도 증권계좌로 주고받으면 좋겠다. 부자 아빠, 부자 엄마의 마인드가 있으면 자녀도 부자로 가는 길에 빨리 오르게 된다.

직장인 용돈 활용하기

처음 투자를 하려면 어떻게 해야 하는지 막연할 수가 있다. 더구나 바쁜 업무로 재테크 생각만 해고 머리만 지끈지끈하다. 하지만 ETF는 종목 파악하는 시간을 줄여 준다.

자녀 용돈을 증권계좌에 납입하듯이 같은 방식으로 시장 지수에 적립을 하기만 하면 된다.

직장인은 사회생활을 하는 사람인 만큼 매월 일정액을 우선적으로 할애해서 적립식으로 투자하는 것이 좋다.

그리고 용돈이 생기면 그 돈으로 한 주 한 주 투자하면 쏠쏠한 재미가 있다. 용돈은 어떻게든 사라진다. 스타벅스 커피값으로 ETF 한 주를 사라. 커피는 간단하게 즐기자. 어느 정도 눈덩이가 커질 때까지는 허리띠를 단단히 조이자. 어떤 것이든 처음 시작할 때는 망설여지는 것이 있다. 뜻을 같이 동료들과 같이 용돈 투자 또는 적립식 투자를 하는 것도 동기부여에 좋고 힘이 된다.

직장인은 지시받은 업무를 또박또박 잘해낸다. 월급을 받고 조직에서 인정을 받기 위해서다. 그러나 스스로 만들어서 하는 것은 익숙하지 않다.

그러나 미래의 부를 위해서 스스로 움직여야 한다. 그러면 누구나 부자가 될 수 없지만 스스로를 돕는 당신은 부자가 될 수 있다.

ETF 03
목돈이 모이면
거치식 투자를 하라

필자는 직장생활을 시작해서 첫 월급을 받자마자 점심시간에 은행으로 가서 적금을 들었다. 당시 시중 은행 중에서 가장 이율이 좋은 곳을 택했다. 그리고 특판상품으로 가입했던 것으로 기억한다. 처음에 목돈을 만들려면 매월 돈을 모아야 했다. 그래서 처음 가입한 것이 적립식 예금, 적금이었다.

일정한 목돈을 만들기 위해 무조건 월급의 반을 떼어내서 매월 납입을 했다. 다른 친구는 일단은 필수 생활비 등으로 사용하고 급여통장에 남은 돈을 예적금으로 활용하겠다고 했다. 필자는 그 생각이 돈을 모으기에는 합리적이 아니라고 생각했지만 그 친구를 설득하기는 어려웠다.

그렇게 3년이 지났다. 똑같은 월급을 받았는데 나는 1천만 원의 목돈을 마련했고 그 친구는 모은 돈이 없다고 한다. 월급이 들어오면 사용하고를 반복하다 보니 습관이 되고 부의 추월차선에서 멀어지게 된다.

똑같이 3년이 지났는데 둘의 차이가 명확하다. 그래서 결국은 그 친구도 월급에서 무조건 일정액을 할애해서 목돈을 모으기 시작했다.

필자는 목돈을 꾸준히 굴렸다. 한번 굴리기가 어렵지 굴리고 나면 스스로 굴러간다. 목돈을 다시 시중 은행보다 금리가 높은 신용금고에 정기예탁했다. 또 그 돈은 굴러가고 굴러갔다. 그리고 매월 월급에서 새로이 적립하는 돈은 그것대로 굴러간다.

또 3년이 지났다. 어느날 그 친구도 만기가 되어 목돈을 찾았다며 필자에게 돈을 모으게 해줘서 고맙다고 했다. 누구나 돈을 모을 수는 있지만, 실제 모으는 사람은 드물다. 모든 것은 실행하느냐 못하느냐 종이 한 장 차이다. 그러나 실행하려면 단단한 각오 없으면 할수 없으므로 실행을 하지 못한다.

처음 허리띠를 졸라 매기가 힘들었다. 사실 너무 힘들었다. 다만 목표가 있고 꿈이 있었기에 가능했다. 몇 년 후의 목돈을 손에 쥔 나의 모습을 생각하며 인내할 수 있었다.

먹고 싶은 것도 못 먹고, 사고 싶은 것도 못 사고 멋진 삶은 아닐지라도 멋진 삶을 꿈꾼다. 필자는 나름대로 술 한잔하는 것을 좋아한다. 어울려 떠들면서 스트레스를 해소하고 힘든 것에 대한 보상을 한 것이다. 그때는 술 한잔하러 갈 돈이 없었다. 술 한잔하는 사람이 못하게 되니 우울해진 적도 여러 번 있었다. 나도 모르게 술 자리는 피하게 되었다. 일단 목돈 모을 때까지는 어쩔 도리가 없었다.

그래도 속담에 하늘이 무너져도 솟아날 구멍이 있다고 했다. 예전에는 회사에서의 회식이 많았다. 부서 회식, 과별 회식 등 술 한잔할 기회가 많았다. 신입 때는 이러한 문화가 싫었는데 그때는 기다려졌다. 이런저런 세파를 겪으며 적립식으로 돈을 모아갔다.

지금까지 적립식의 중요성을 설명했다. 지금 시대는 예적금으로 원금을 지키기 어렵다. 인류역사 이래 최고의 금융상품 지수 추종 ETF로 시작하라. 시작은 적립식으로 목돈을 마련해나가야 한다.

거치식, 적립식 어느 것이 좋을까요?

1. S&P500, 나스닥100 ETF
- 연금저축, ISA, IRP, 해외직투 비과세 등 절세계좌를 활용한다.
- 평생 적립해야 할 종목이다.
- 가장 높은 비율로 보유해야 한다.
- 예 : QQQ, SPY, VOO, TIGER 미국나스닥 100, TIGER 미국 S&P500 등

2. 배당 ETF
- 적립식으로 매수하는 것이 좋다.
- 배당금으로 S&P500, 나스닥100 ETF에 투자한다.
- 예 : DIA, DGRO, DGRW, VIG, SPYD 등

3. 배당주

- 10% 하락 시 거치식 매수를 한다.
- 배당금으로 S&P500, 나스닥100 ETF에 투자한다.
- 예 : KO(코카콜라), JNJ(존슨앤존슨), SBUX(스타벅스), MCD(맥도날드), O(리얼티 인컴) 등

4. 성장주 ETF

- 중소형 성장주(Small Cap, Mid Cap) ETF는 25% 급락 시 거치식 매수해서 매매 수익금으로 S&P500, 나스닥100 ETF에 투자한다.
- 성장주로 장기 보유 시 S&P500을 능가하는 성과를 기대할 수 있다.
- 예 : VBK, VOT

5. 테마형 ETF

- 테마형은 개별주보다 ETF 위주의 투자로 불확실성을 제거한다.
- 적립식보다는 거치식으로 투자한다.
- 거치식으로 과감하게 매수한다.
- 테마형 주가 상승기가 아니라 주가 하락기까지 기다렸다가 매수하는 것이 훨씬 큰이익을 만들어준다.
- 우리의 삶을 바꿔 놓을 테마는 결국 큰 수익으로 주가 상승으로 이어지지만 테마가 현실에 가까워질 때까지 충분히 기다려야 한다.
- 매매 수익금으로 S&P500, 나스닥100 ETF에 투자한다.
- 예 : 메타버스, 전기차와 2차전지, 클라우드, 항공우주 등

6. 개별주

- 수익은 크게 손실은 적게 하려면 해당 기업의 매출, 이익, ROE, ROA 등의 몇 개년간 실적과 추이를 확인해야 한다.
- 매매 수익금으로 S&P500, 나스닥100 ETF에 투자한다.
- 예 : 애플, 구글, 마이크로소프트, ASML, 엔비디아, 페이스북, 삼성전자 등

결론적으로 모든 배당금 수익금은 S&P500, 나스닥100 ETF에 재투자한다. 시장 지수 투자 수익의 극대화가 최고의 목표다.

목돈이 모이면 거치식 투자를 하라

적립식으로 ETF에 투자하면 용돈이 목돈이 된다. 그렇게 되면 큰돈이 거치식이 된다. 그 목돈을 거치식으로 투자하라. 거치식을 다시 적립식으로 들라는 것은 아니다. 한 번에 투자를 하지 말고 여러 번 횟수를 나눠서 투자하라는 이야기다.

예를 들면 2억 원의 돈이 있다면 이를 한 번에 투자할 일이 아니라 이를 매월 1천만 원 정도씩 2년여에 걸쳐 차근차근 투자해놓으면 위험을 낮출 수 있다. 이 경우 우선 1억 원 정도는 1년 후에 투자하기 위해 고금리 예금이나 채권 등에 투자해놓고 나머지 1억 원은 시장 상황을 봐가며 지수 추종 ETF에 지속적으로 돈을 집어넣는다.

투자 기간 2년 동안 지수는 봄, 여름, 가을, 겨울을 2번이나 겪으며

내 투자도 견고해질 것이다. 그리고 한 달에 무조건 꼭 얼마를 투자한다는 식으로 기계적으로 투자하지 말고 시장 상황을 보고 한번에 넣는 돈의 액수를 탄력적으로 조절하는 것도 필요하다. 당신은 지금 부의 추월차선으로 가고 있는 것이다.

ETF 04
인생 2막도
ETF로 시작하라

꿈 많던 학창시절 오월 초록의 시절도 꿈처럼 지나갔다. 지금도 학교 교정을 걷고 싶다. 초등학교 때는 장래 희망을 조사했다. 타임캡슐에 보관한다고 했는데 지금까지 있는지는 모르겠다. 필자는 의사와 역사학자가 되고 싶었다.

어머님은 큰 수술도 하셔서 장남인 필자가 의사가 되기를 희망하셨다. 나도 어머님의 아픈 병을 낫게 해드리고 싶었고 파스퇴르를 존경하게 되었다. 한편으로는 옛날의 역사에 관심이 많아 역사학자가 되고 싶었다. 학교 운동장에서 대통령 선거 유세 연설을 하는 것을 보고 그 묘미에 대통령이 되고 싶었지만 간절하지는 않았다.

의정부고등학교(이하 '의고')에 다니던 청춘의 시절도 지나갔다. '한수이북교련대회'에서 무장 구보와 중량 운반 선수로 출전해서 우수한 성적으로 입상했던 추억이 있다. 1974년에 한수이북에 최초의 인문계 고등학교로 개교를 하였다. 학교 신축이 늦어져 의정부중학교 건물에서 약 2개월 정도 수업을 받고 의고로 옮겼다. 우리는 책상과 의자와 가방 그리고 신발주머니를 머리 위에 이고 이사의 길고 긴 행렬에서 참여했다. 의정부중학교에서 송추로 가는 교외선 철길을 넘어 한미1군단 사령부를 지나 녹양동에 있는 의고에 이르는 여정은 자랑스런 의고의 역사의 시작이다. 이 전경은 모세를 따라 홍해를 가르고 성지로 가는 모습과도 비슷했다. 모두가 청운의 꿈을 갖고 의고를 함께 한 동창들도 꿈을 이루고 이제는 노학우(老學友)가 되었다.

가수 김창환의 노래 〈청춘〉의 가사가 떠오른다. "언젠간 가겠지 푸르른 이 청춘 지고 또 피는 꽃잎처럼 달 밝은 밤이면 창가에 흐르는 내 젊은 연가가 구슬퍼…."

인생의 꿈을 이루었어도 꿈은 끝이 없고 나이가 없다. 꿈을 이루기에 너무 늦은 나이는 없고 꿈이 없는 삶은 무미건조하다. 인생 2막으로 정년퇴직을 하여 삶을 사는 사람도 있고, 재취업으로 그리고 본인의 사업으로 현역인 사람도 있다.

나의 버킷리스트을 만들어보자!

꿈을 노트에 적어보자! 인생에서 꼭 이루고 싶은 버킷 리스트 50개를! 인생 2막도 꿈이 많다. 다만 꿈을 잃어버린 것이다. 그러면 인생 2막에 가장 중요한 것이 무엇일까? 사람마다 가치관이 다를 수 있다. 그러나 조사결과를 한번 참고하자.

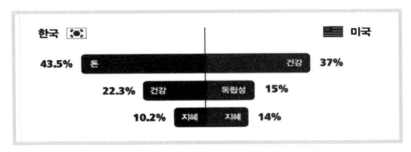

나이가 들어가면서 가장 중요하다고 생각하는 가치

한국 | 미국

43.5%	돈	건강	37%
22.3%	건강	독립성	15%
10.2%	지혜	지혜	14%

출처 : 연합뉴스

　몇 년 전에 설문조사를 한 결과다. 나이 들면 어떤 가치가 가장 소중하게 느껴질까? 우리나라 성인은 돈을 꼽았지만, 미국인들은 건강이 가장 중요하다고 답했다. 한국화이자제약은 만 19~64세 성인남녀 1천 명을 대상으로 '나이 들어가는 것(Get old)'에 대한 인식조사를 벌인 결과, 전체 응답자의 43.5%가 나이 들면 가장 중요한 가치로 돈을 꼽았다. 건강이 가장 중요하다는 답변은 22.3%, 지혜가 가장 중요하다는 의견은 10.2%를 차지했다.

　반면, 미국에서 같은 설문조사를 진행한 결과, 건강이 가장 중요하다는 의견이 37%로 가장 많았다. 독립성을 꼽은 응답자는 전체의 15%, 지혜가 중요하다는 의견은 14%였다. 돈은 주요 답변 내용에 포함되지 않았다. 나이가 들었을 때 가장 걱정되는 것은 경제적 어려움(45%)이었고, 신체적 불편과 질병이 걱정된다는 응답은 각각 19.6%, 15.7%에 그쳤다. 노후에 가장 걱정되는 질병으로는 치매(39.4%)가 첫 손으로 꼽혔고, 암(22.8%), 심혈관질환(14.1%), 관절염·골다공증·신경통(8%)이 그 뒤를 이었다.

응답자 대부분은 노후에 대한 걱정은 많지만 이에 대한 준비는 부족한 것으로 느끼고 있었다. 노후에 잘 대비하지 못한다는 응답은 46.9%로 잘 대비하고 있다는 응답(18%)보다 2.5배 이상 많았다. 응답자 가운데 85.7%는 규칙적인 운동, 식생활 조절, 건강보조제 섭취, 스트레스 관리, 건강검진 등의 노력을 기울이고 있었다. 우리나라에서 고령사회에 대비해 잘 돼 있는 사회적 인프라로는 교통수단(20.7%)이라는 응답이 가장 많았고, 의료시설(15.4%), 가정간호지원(9.7%)이라는 응답이 뒤를 이었다.

필자가 개인적으로 가장 중요하게 생각하는 가치를 생각해본다. 첫 번째가 건강이고, 두 번째가 노후의 경제일 것이다.

결론적으로 노후의 돈 문제가 중요하다. 예전에는 돈 이야기를 꺼리던 시절이 있었다. 부자가 되고 싶고 경제적 자유를 누리고 싶지만 드러내 놓고 이를 표현하지 못했던 것 같다. 돈이 좋다고 말하면 너무 속물근성이 있어 보이고 체면이 떨어졌다. 하지만 자본주의를 살면서 돈의 위력을 모르는 사람은 없다. 물론 돈이 세상에서 가장 중요한 가치는 아닐 것이다. 그것보다 소중한 것은 얼마든지 있다. 하지만 돈이 중요한 가치 중에 하나인 것은 맞다.

세상을 살아가는데 돈이 없으면 의식주가 해결이 어렵고 삶은 피폐해진다. 우리가 예전에는 부자가 될 수 있을 거라는 생각을 해본 적이 없다. 부자는 부모로부터 물려받거나 자신에게 엄청난 재능이 있는 천재들이나 자수성가하는 것이라고 생각했다. 하지만 고도성장이 끝나고 저금리가 되면서 투자와 재테크 개념이 등장했다.

인생 2막도 ETF로 시작하라!

지금 당장 ETF를 시작하자. 퇴직한 지인에게 ETF를 추천했다. 만나면 돈, 돈 이야기를 해서 그렇다. ETF는 영어 약자여서 전문용어로 들려 친근감이 안 가고 어렵게 생각된다고 했다. 그리고 이미 늦었다고 포기하려고 했다. 하지만 정년퇴직하고 예순이면 아직도 투자 기간이 20년은 족히 된다고 설득했다. 백세시대이지 않은가.

10년만 해도 장기 투자다. 그리고 목돈은 거치식으로 월배당 ETF에 넣어두면 월급으로 받을 수 있고 투자 원금은 인플레이션을 따라 올라간다.

그러면 인생 2막에도 월급을 받을 수 있다. 그렇다면 진작 이야기하지 그랬냐고 한다. 절대로 늦지 않았다. 인생 2막에도 한 살이라도 어릴 때 시작하라고 강조하고 싶다. 테마 ETF 등 보다는 안정적인 지수추종 ETF 또는 월배당 ETF로 시작하면 된다.

ETF 05
최고의 재테크 ETF, 공부하고 시작하라

주식 투자를 생각할 때 사람들은 일반적으로 개별주를 생각한다. 그리고 주변에서 몇 배 이익을 얻었다더라, 부자가 되어 잘 나가더라는 이런 말들을 들을 때는 개별 종목이었다.

도박이나 로또나 복권을 제외하고는 정상적인 사회경제 시스템에서 큰 수익을 낼 수 있는 유일한 곳이 주식 시장이어서 그렇다. 그러다 보니 계속 어떤 주식이 잘 나갈지 고민 속으로 빠진다.

그러다 쉬운 방법으로 경제방송이나 증권방송과 전문가의 의견을 들어서 주식을 매수를 하지만 정작 본인은 해당 주식의 주가 변동성에 마음이 오락가락하고 손실을 볼까 두렵다.

본인이 해당 기업에 대한 믿음과 확신으로 장기 투자를 하려는 원칙이 없으므로 더 흔들릴 수밖에 없다. 주가의 흔들림에 황야의 풀잎처럼 이리저리 속절없이 흔들린다.

더 위험한 경우는 전문가와 뉴스의 추천에 따라서 매수한 주식이 꽤 올랐을 때이다. 주식은 보유할 때의 수익은 현실수익이 아니다. 지인에게서 전화가 왔다. 다짜고짜 ○○주식 사라고 권유한다. 이렇게 알려주는 사람이 있다는 것도 연락을 주는 것도 퇴직하니 고맙기는 하다. 지금 얼마 올라서 얼마 이익을 보고 있다며 앞으로 계속 얼마까지는 오를 테니 빨리 주식을 사서 수익을 챙기라는 고마운 이야기였다.

주식정보에 목이 마른 개미 투자자들에게 한줄기 단비와 같은 소식이다. 필자는 오르니 좋은 것은 좋은가 보다 요즘 잘 나가는 종목인데 하면서도 해당기업과 매수시점에 대한 확신이 서지 않았다.

그리고 그렇게 얼마간의 나날이 지나갔다. 스마트폰 벨소리가 울린다. 또 얼마 올랐다고 연락이 왔다. 나에게 얼마나 올랐냐며 매수단가는 어떻게 되느냐고 묻는다.

지인의 성의에 거짓말로 매수했다고는 할 수가 없었다. 마침 바쁜 일이 있어 그만 시기를 놓치고 깜빡했다고 대답을 했다. 지금이라도 늦지 않았다며 그는 매수하라고 조언을 해주었다. 그러나 극찬했던 그 종목은 몇 주인지 몇 달 후부터 계속 하향 횡보를 계속하고 있다.

나름대로 장기 투자를 하려고 하는데 앞길에 장벽이 생긴 것이다. 그래서 깊은 생각에 빠진다. 그러다 결국 나름대로의 해답을 찾아낸다. 그렇다 분명 어느 시점에서는 분명 수익이 있었던 것이다. "그래, 오래 들고 있지말고 수익이 있을 때 매도하고 빠지자." 치고 빠지기 전술이다. 나비같이 날아 벌같이 쏘고 꿀(수익)을 가져오자!

전술은 손자병법에 나올만한 것 같다고 칭찬을 해주었다. 그러나 주식 시장은 그리 간단한 전투가 아니다. 입체 복합전술의 과학전이며 심리전이다. CIA나 KGB, 모사드, 007 제임스 본드가 활약했던 M16 등의 정보와 심리전에 대한 지원이 있어야 한다.

전문가의 의견을 참조하되 어떤 투자이든 스스로 판단해서 투자해야 한다. 누구나 알고 있지만 다시 강조하고 싶은 것은 쉽게 돈을 벌 수 있는 유혹을 버려야 한다는 것이다. 남의 말을 듣고 단순히 따라 하면 늘 돈의 흐름을 쫓아가는 자가 될 수밖에 없다.

따라서 소액으로 많이 벌고 잃지 않는 투자를 하려면 개별 종목보다는 ETF로 시작해야 한다. 개별 주식을 꼭 해보고 싶다면 ETF 투자로 안정적 수익이 있을 때 해도 결코 늦지않고 안정적 투자할 수 있다.

재테크 ETF로 시작하라

안전하게 주식 투자할 수 있는 방법, 가장 쉽게 투자할 수 있는 방법은 ETF다. 워런 버핏이 부인에게 유언으로 남길 정도의 최고의 투자 종목이 아닌가.

어떤 좋은 점이 있을까?
1. 수수료가 펀드에 비해 저렴하다.
2. 소액으로 분산 투자가 가능하다.
3. 실시간으로 거래가 가능하다.

4. 분배금을 받을 수 있다.

5. 운용이 투명하다.

첫째, 수수료가 펀드에 비해 저렴하다. 펀드의 수수료는 일반적으로 2~3%이나 ETF의 수수료는 0.01~0.02%에 불과하다. 그리고 국내지수 ETF는 세금이 면제된다.

둘째, 소액으로 분산 투자가 가능하다. ETF는 또 대규모 펀드를 작은 단위로 나눠 상장한 상품이기 때문에 최소 단위로 투자해도 분산투자 효과가 발생한다. 예를 들어 TIGER 미국 S&P500 1주를 14,000원에 매수한 투자자는 미국을 대표하는 S&P를 구성하는 500개 기업에 모두 투자한 것과 동일한 효과를 기대할 수 있다. 미국 시장의 성장성에 투자하고 싶다면 ETF에 투자하는 것이 가장 저렴하게 분산투자를 할 수 있는 방법인 셈이다.

셋째, 실시간으로 거래가 가능하다. 펀드와 달리 실시간으로 거래할 수 있다. 따라서 환금성도 좋다.

넷째, 분배금을 받을 수 있다. ETF 종류에 따라서 '정기적' 또는 '비정기적'으로 분배금(배당금)을 지급한다.

다섯째, 운용이 투명하다. PDF 비중과 순자산가치(NAV : Net Asset Value)를 매일 시장에 발표하므로 투자자가 보유한 ETF의 구성종목과 각 종목의 보유비중, 보유수량, 가격 등을 실시간으로 공개하므로 운용이 투명하다. 반면 펀드는 보통 몇 달이 지나야 운용 결과를 보고서를 통해 알 수 있다.

ETF 상품명

TIGER	미국	S&P500	TR
ETF운용사	투자 지역	추종지수	운용방식

ETF 투자 용어

1. TR(Total Return) : 분배금을 나누어주지 않고 재투자한다.

2. H(Hedge) : 환율의 영향을 받지 않도록 방어 수단을 적용

3. 레버리지 3배 : 3배로 투자된다는 의미로 지수가 1% 상승하면 +3%로 3배의 수익을 얻는다.

4. 인버스(역방향) : 특정 주가지수의 역방향으로 수익을 얻는다. 지수가 −1% 하락하면 인버스 상품은 +1% 수익을 얻는다.

5. 선물(선매매 후물건) : 현재 필요한 실물을 거래하는 것이 아닌 미래 시점에 필요한 실물을 계약하는 것이다.

6. 액티브 : 시장 수익률을 초과하는 수익률을 목표로 하는 투자로 펀드 매니저가 성장성이 높은 종목을 발굴하고 적절한 시점에 매매해서 펀드 매니저의 역량에 따라 수익이 좌우된다(예 : ARKK 등).

7. 패시브 : 수익률이 지수의 수익률을 수동적인 투자로 특정 시장의 평균성장을 따라 간다. 시장이나 종목분석에 드는 비용이 적고, 주가지수의 시장에 장기적인 이익을 추구하는 방식이다(예 : QQQ, SPY 등).

ETF 관련 정보 확인은 국내의 네이버 금융, ETF 비교 'ETF CHECK' 어플과 인터넷사이트(www.etfcheck.co.kr) 그리고 해외는 etf. com(https://www.etf.com) 또는 야후 파이낸스가 좋다. 투자란 돈을 잃

을 수도 벌 수도 있기 때문에 투자 전에 공부를 해야 한다. 최고의 재테크 ETF 공부를 시작하자.

ETF 06
미국 시장에
답이 있다

1900년 세계 주식 시장은 유럽이 지배하고 있었다. 당시 세계 시가 총액에서 유럽이 차지하던 비중은 68%였고, 아메리카는 30%, 아시아는 고작 2%였다. 2018년이 되자, 시가총액 상으로 두 번째로 비중이 큰 대륙이 되었다. 아메리카가 44%로 비중이 가장 높고, 아시아는 34%, 유럽은 22%를 차지하고 있다.

1900년 유럽이 세계 금융 시장을 지배했으며, 런던은 유럽 금융의 중심지였다. 유럽 국가들은 금본위제를 채택하고 있었고, 모든 통화들이 서로 고정된 환율로 연결되어 있었으며, 국가들 간에 돈이 자유롭게 흘러 다녔다. 유럽은 유럽과 세계 여러 지역의 철도, 은행, 유틸리티 및 기타 기업에 자금을 지원했다. 미국 철도 주식은 유럽 내 모든 주요 증권 거래소에서 거래되었다.

1900년과 1970년 사이, 아메리카의 비중은 더 커진 반면, 유럽은 줄어들었다. 주된 이유는 1차 및 2차 세계 대전과 유럽 산업의 국유화였다.

세계 시가총액에서 유럽의 비중이 줄어들면서, 4개의 앵글로 색슨 국가들의 비중은 증가했다. 이들 4개 국가에는 영국과 미국, 캐나다와 호주가 포함된다. 영국의 경우, 전쟁 비용 조달을 위해 런던에 상장된 외국 유가증권이 매각되면서, 1914년 이후 세계 금융 시장에서 차지하던 비중이 작아졌지만, 1939년 2차 세계대전이 발발하기 전까지 세계에 대한 지배력은 계속되었다.

미국, 캐나다 및 호주는 유럽에서 일어난 것 같은 세계대전으로 인하 파괴나 산업의 국유화를 겪지 않았다. 1950년이 되자, 세계 3대 주식 시장은 뉴욕, 런던 및 토론토/몬트리올이 되었고, 세계 시가총액에서 75%를 차지하게 되었다.

1960년대 후반이 되자, 캐나다와 미국이 합해 세계 시가총액의 75%를 차지했다. 1793년 5월 17일 증권 중개업자와 상인 24명이 모여 월가68번지 버튼우드(미국 플라티너스 나무)아래서 증권 거래방법, 수수료율 등을 정한 협정에서 서명한 것을 NYSE의 출발점이다. 세계금융의 월가에서도 심장과 같은 역할을 하는 것이 이곳 뉴욕증권거래소(NYSE)이다. 1602년 세계 최초로 개장한 네델란드의 암스테르담 증권거래소 보다 190년 늦고 1920년 일제 강점기에 서울에 만들어진 '경성 주식현물거래시장'보다 120년 앞선 것이다. 여하튼 우리나라의 주식시장의 역사도 꽤 된다.

미국 시장은 180년 이상의 주식 역사를 갖고 있다. 세계대전, 경제공황, 금융위기 등의 온갖 위기와 역경을 이겨내고 대표적인 주식 시장이 된 것이다. 그 역사 속에서 수많은 험난한 변동을 거쳐 우상향하는 표본을 만들어냈다.

미국의 시장은 그 자체와 시장의 우량기업의 안정성, 성장성, 혁신성에 대한 검증은 지속적으로 진행되어 왔다.

미국 시장에 투자해야 하는 이유?

1. 미국 시장은 크고 좋은 기업이 많다.

애플, 마이크로소프트, 구글 등 글로벌 기업들이 많다. AI, 클라우드 컴퓨팅, 자율주행차, 빅데이터, 양자컴퓨터 등의 시장을 주도하고 있다. 미국의 금융 시장의 규모는 한화 기준 약 5경의 규모로 세계 시장의 45%를 점유한다. 미국 주식 시장은 2위인 중국 시장보다 5배나 더 크다. 실제 미국은 전 세계 주식 시장의 거의 절반을 차지할 정도로 크다. 중국 주식 시장의 시가총액은 6.32조 달러로 신흥국 중 최고를 차지하고 있다. 미국 주식 시장이 다른 시장을 이끌고 있다는 것이다. 이는 전 세계 시장을 미국에 연계시킴은 물론, 무역 전쟁에서 지렛대 역할을 하고 있다.

2. 오너 및 외부 리스크가 거의 없다.

한국의 경우에는 오너 리스크가 워낙 크다. 오너의 권력이 큰 재벌문화가 형성되었기 때문이다. 미국은 자본주의 인식이 확실해서 본인이 회사를 만들었어도 일단 상장되면 주주가 회사의 주인이 되며 창업주는 최소지분으로 경영을 한다. 가계승계의 개념이 희박하고 대부분 우수한 CEO가 계속 바뀌어가며 경영을 하기 때문에 안정된 경영을 할 수 있다.

3. 국가 분산 투자가 가능하다.

개별 국가에서 발생할수 있는 리스크를 방어할 수 있다. 그리고 미국 시장에는 세계 굴지의 기업이 상장되어 있다. 투자자가 ETF로 국가별 분산 시 국가선택 및 자산 배분을 전략적으로 할 수가 있다.

4. 기축통화인 달러에 투자할 수 있다.

해외 주식 투자를 하면 달러를 보유하게 된다. 위기 시에 가장 안전한 자산인 달러에 투자하는 방법은 달러로 환전해서 미국 주식에 투자하는 것이다. 미국 주식을 매수하는 자체가 사실상 달러 자산을 보유하는 것이다.

5. 배당이 많다.

미국기업은 주주 친화적인 기업이 많다. 주주를 동업자로 생각하므로 주주들에게 배당정책을 한다. 50년 이상 연속으로 배당금을 증가시킨 배당킹, 25년 이상 연속으로 배당금을 증가시킨 배당귀족 그리고 배당챔피언, 배당컨텐더의 타이틀 갖는 명성을 좋아한다. 실제로 미국에는 이런 기업이 수백 개에 달한다. 국내기업도 적극적인 배당정책으로 국내 시장을 성장시켜야 할 것이다.

6. 시장 지수 등 주가의 회복력이 강하다.

국내 시장은 하락하면 반등하는 힘이 미약하다. 미국 시장은 탄력성이 좋다. 변동성에서 회복력이 좋아 마음 편하게 투자하기에 국내 시장에 비해 좋다. 기업이 더 많이 성장하고 저위험 고수익의 시장이다.

미국 시장 대표지수

미국의 시장은 다우, 나스닥, S&P500의 3대 대표지수가 있다. 이 3대 지수는 뉴욕증권고래소와 나스닥 시장에 편성되어 있다. 미국 시장은 전 세계 시장의 45%를 점유로 하며 실제 전 세계 주식 시장의 거의 절반을 차지할 정도로 크다.

많은 투자자에게 이 대표 3개 지수는 투자의 기준 지표로써 필수적으로 투자해야 할 지수다.

다우존스는 미국의 다우존스사가 가장 신용있고 안정된 주식 30개를 표본으로 시장 가격을 평균 산출하는 세계적인 주가지수다. 미국의 대표 우량기업 30개 기업을 대표하는 지수다. 또한, 시가총액이 아닌 주가평균방식으로 계산되기 때문에 지수가 왜곡될 수 있다는 문제점도 가지고 있다. 하지만 미국의 증권 시장의 동향과 시세를 알 수 있는 대표적인 주가지수이기 때문에 많은 나라가 다우지수에 관심을 갖고 또 영향을 받고 있다.

나스닥 지수는 미국기업과 전 세계 유망 첨단기술과 인터넷 기업의 100개 기업을 대표하는 지수다. 1971년 2월 5일의 지수를 100으로 놓고 나스닥 증시의 모든 보통주를 시가 총액에 따라 가중치를 부여해 산출한 지수다.

S&P500지수는 국제 신용평가기관인 스탠더드앤드푸어스(S&P)가 작성하는 주가지수로, 다우존스 지수·나스닥지수와 함께 뉴욕증시의 3대 주가지수에 속한다. 미국에서 가장 많이 활용되는 대표적인 지수로, 지수 산정에 포함되는 종목은 S&P가 공업(400종목)·운수(20종목)·공공(40종목)·금융업종(40종목) 등 500개의 종목의 주가를 기준으로 해 산출한다.

ETF 07
시장의 성패는
심리 문제다

2,500을 넘었던 코스피지수가 코로나19로 인해 2020년 3월 19일 코스피가 1457.64로 폭락했을 때 누가 상상이나 했을까? 불과 300일도 안 돼 갑절 이상 뛴 건 물론이고, 심지어 장중 3,000선까지 돌파하리라는 것도 말이다. 전례 없는 상승장에 모두가 행복한 분위기다. 일확천금의 꿈을 품에 안고 너나 할 것 없이 주식 시장으로 뛰어들었다.

그리고 코스피 폭락으로 하락장에 공포와 두려움으로 떠났다. 시장에 들어왔다가 폭락을 경험하고 이런 과정 속에서 공포와 탐욕에 사로잡혀 비쌀때 사고 쌀 때 팔아 자금이 바닥나거나 또는 손절하고 시장을 떠나가는데 이번 폭락은 말 그대로 내리꽂는 식으로 하락을 하다보니 개미들은 막대한 손실을 떠안았다.

보통 사람의 심리가 주식 시장이 좋다고 할 때 들어와서 고점에 사고 주식 시장이 폭락을 할 때 이것을 견디지 못하고 두려움에 저점에서 던지고 나오는 것이다. 불나방처럼 뛰어들어 부화뇌동으로 투자하고 증시의 지옥문으로 스스로 들어가서 불 속에 타들어 가는 것이다. 사람들은 장기 투자를 한다면서도 이것을 반복한다. 보통 돈을 벌지 못하고 잃는 사람들의 공통점은 기업의 내재가치가 아닌 매일매일 변하는 주가에 따라 기업을 평가하는 것이다.

A씨는 2021년 초에 삼성전자 주식을 8만 원 정도에 거치식으로 매수했다. 그는 퇴직연금을 연금방식에서 일시불로 수령했다. 상가를 구입해서 월세를 받는 것이 더 효율적이라고 판단을 해서다. 그러나 구분상가는 분양에서부터 거품이 너무 많았다. 지식산업센터 건물에도 투자하려다 무산이 되었다.

2021년 초반에 삼성전자의 열기는 대단했다. 국민주라 불리울 정도로 국민의 사랑을 받았다. 뉴스와 증권방송에서 증권전문가와 유튜버들도 하루가 멀다 하고 삼성전자 찬양이었다.

곧 10만 전자로 가고 결국은 20만 전자로 간다고 꿈에 부풀어 있었다. 그 열기에 국민 20명 중 1명이 삼성주식을 갖고 있다고 할 정도로 대장주에서 국민주로 자리매김했다.

A씨는 저녁 술자리에서 퇴직연금 일시불로 수령해서 상가 대신에 삼성주식을 샀다고 자랑을 했다. 주식 투자에서는 주식 수가 깡패라고 하지 않았던가. 예상 배당금을 계산해보니 쏠쏠하다. 분기 배당을 월로 따져보니 세후 40여만 원이 된다. 특별배당금은 제외한 금액이라고 한다.

그런데 어느 날부터 삼성전자 주식은 나날이 급락을 했다. 퇴직급여 전체를 투자했는데 지금은 공황 상태에 이르렀다. 필자에게도 도움을 요청해왔다. 삼성전자를 찬양하던 그가 이제는 삼성전자 못 쓰겠다고 한다. 사람들은 주가가 올라가면 전망이 좋은 기업, 주가가 떨어지면 전망이 나쁜 기업이라고 생각한다.

기업의 내재가치와 성장성 등에 대한 공부가 없이 매수한 경우에는 투자 원칙과 소신이 없어서 대부분 이렇게 생각한다.

워런 버핏은 세계 최고의 부자인 빌 게이츠가 마이크로소프트 주식을 권유했을 때 단칼에 거절했다. 누구나 선호하는 최고의 주식이지만 그에게는 투자의 원칙이 중요했기 때문이다.

삼성전자의 예를 들었지만 삼성전자는 엘리트들이 근무하는 세계적인 일류기업이고 우량 기업이다. 주가가 내렸다고 그 가치가 떨어지지 않는다. 삼성전자 주가는 횡보를 거듭하다 급등을 하는 특징이 있다. 장기적으로 보면 우상향이다.

A씨는 나의 만류에도 멘붕 상태에서 보유 물량의 50%를 손실을 보고 매도를 했다. 이러한 잘못된 고리를 끊으면 부의 엘리베이터를 탈 수가 있다.

우리가 생각하는 장기 투자는?

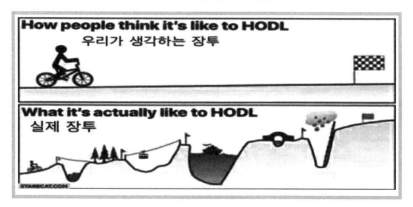

출처 : STARECAT

우리가 일반적으로 생각하는 장기 투자는 그림과 같이 포장도로를
달리는 것으로 생각한다. 그러나 실제 장기 투자는 가는 길이 멀고도
험하다. '우상향'이라는 방향성을 찾기가 어렵다는 것만이 아니다. 올
라갈 때의 기울기도 문제다. 도저히 꾸준한 상승이라는 표현을 할 수
없을 만큼 급격한 상승이 있다가 곧바로 추락하는 '요동'이라는 표현
이 우상향이라는 표현보다 몇 배는 더 적절한 표현이라고 볼 수밖에
없다.

버핏에게 "해서웨이 회장님처럼 코카콜라를 모으기로 했다. 10년은
장기 투자할 생각인데 조언을 구한다"라고 부탁을 한다면. 다음과 같
은 대답을 할 것 같다. "코카콜라 좋지, 내가 13살부터 모은 주식이야!
10년 모으면 좋을 게다, 그런데 너가 10년 보유가 가능할까?" 코카콜
라를 처음 매수한 지 이제 3개월 정도가 되었는데, 틀린 말은 아닌 것
같다. 장기 투자는 말처럼 쉬운 일이 아니기 때문이다.

장기 보유를 위해서는 기업에 대한 분석과 추적 관리, 그리고 멘탈 관리도 필요하다. 계속해서 스스로에게 심리적 안정을 주는 명상을 하면서 공부를 게을리하지 않아야 장기 보유가 가능해지고, 결과도 오롯이 본인의 몫으로 받아들일 수 있게 된다.

계절에도 봄, 여름, 가을, 겨울이 있듯이 주식 시장도 마찬가지다. 아름답고 멋지게 황제처럼 살아온 사람의 인생도 알고 보면 실제 장기 투자의 모습과 같이 굴곡과 요동이 있다.

그렇다고 두려워하지 말자. 그것이 인생이요, 투자의 원리다. 인생에도 기다림의 미학이 있다.

[S&P500 지수 3개월]　　　　　[S&P500 지수 10개년]

출처 : 네이버 금융

미국 시장 지수 S&P500의 10개년간 지수는 지극히 우상향이다. 2020년의 굴곡을 제외하면 매끄럽고 아름다운 우상향의 차트다. 그러나 지난 3개월간의 지수를 보라. 지수의 흐름이 요동과 굴곡으로 점철되어 있다. 웅덩이도 있고 가파른 계곡도 있다. 폭풍우 바닷속 파도가 급락과 급등의 파동을 갖는다.

시장의 성패는 결국 심리 문제다. 주식 시장에서 돈을 벌기 위해서는 리스크를 감수하고, 낙천적 사고를 하고, 적극적 태도를 가져야 하지만, 돈을 잃지 않기 위해서는 겸손해야 하고, 두려워할 줄 알아야 한다.

'생존'이 전략의 기본이 되어야 하며 오랫동안 살아남는 능력이 가장 큰 차이를 만들어낸다.

버핏은 주가에 흥분하지 않고, 패닉에 빠져 주식을 팔지도 않았고, 한 가지 전략과 트렌드에 집착하지 않으며 살아남은 게 성공 비결이라고 한다.

그리고 '복리의 마법'을 활용하라. 단기간에 시장 수익률을 상회하는 수익을 거두기보다는 시장 수익률 수준에서 지속적으로 유지하는 게 중요하다는 것이다.

주식은 언제나 출렁거린다. 그것이 주식의 살아있는 특성이다. 시장 지수에 투자는 단기간에는 굴곡이 있으나 결국은 우상향한다. 주가에 연연하여 흔들리지 말고 장기 투자를 하는 것이 정답이다. 그러면 여러분에게 큰 축복이 있을 것이다.

사회 초년생도 인생 2막에도 지수 추종 ETF가 답이다. 지금 당장 ETF를 시작하라. 그러면 당신은 부의 추월차선에 오르며 경제적인 자유를 얻을 수 있을 것이다. 지수 추종 ETF로 정년이 없는 평생 현역이 될 수 있다.

ETF

직장인의 경제적 자유는

ETF가 답이다

제1판 1쇄 | 2022년 4월 5일

지은이 | 이종호
펴낸이 | 유근석
펴낸곳 | 한국경제신문*i*
기획제작 | (주)두드림미디어
책임편집 | 이향선   디자인 | 얼앤똘비악earl_tolbiac@naver.com

주소 | 서울특별시 중구 청파로 463
기획출판팀 | 02-333-3577
E-mail | dodreamedia@naver.com(원고 투고 및 출판 관련 문의)
등록 | 제 2-315(1967. 5. 15)

ISBN 978-89-475-4809-0 (03320)

책 내용에 관한 궁금증은 표지 앞날개에 있는 저자의 이메일이나
저자의 각종 SNS 연락처로 문의해주시길 바랍니다.

한국경제신문 *i* 주식, 선물 도서 목록

한국경제신문*i* 주식, 선물 도서 목록

한국경제신문 *i* 주식, 선물 도서 목록